무허가 홈 카페

무허가 홈 카페

전예량 지음

비타북스

Prologue

내 마음대로 내 취향 가득 담아
「무허가 홈 카페」를 열었습니다

직장에 다니면서부터는 정신없이 바빴어요. 직업 특성상 여유를 즐길 틈이 많지 않았거든요. 여유는 사치라고 여겨질 만큼 몸도 마음도 메말라갔던 거 같아요.

잠깐의 여유가 생기면 찾아갔던 곳이 회사 근처, 집 근처 주변 골목에 숨어 있는 작은 카페들이었어요. 힘든 와중에도 맛있는 음료 한 잔이면 스트레스가 스르륵 사라지는 것 같았거든요. 그걸 깨달은 순간부터 늘 예쁜 음료 한 잔이 주는 행복, 작은 공간이 품고 있는 따뜻함이 그리웠던 것 같아요. 그때부터 여유를 일상에 들이려고 노력해보자 마음먹었죠.

휴일이 생기면 전국에 있는 카페를 찾아다니기 시작했어요. 아마 수백 곳을 다녔던 것 같아요. 유명하다는 곳부터 아직 알려지지 않은 숨은 카페까지 찾아다니며 그곳의 음료와 디저트를 먹어보았죠. 하루에 커피만 4잔, 5잔 마셨던 날도 있었어요. 같은 메뉴라도 만드는 사람에 따라, 공간의 분위기에 따라 맛과 향이 천차만별이더라고요. 그래도 상관없이 다 좋았어요.

그러다 보니 한 번은 '나도 만들어볼까?' 하는 생각이 들었어요. 마침 봐두었던 에스프레소 기계도 선물 받았던 참이었어요. 한 잔, 두 잔… 도전해보는 커핏잔의 수가 늘어나기 시작했어요. 무참히 실패했던 적도, 너무나 황홀할 정도로 맛있었던 적도 있었어요. 이렇게 실패와 성공을 반복하며 음료를 만드는 기술도 안정을 찾게 되었고요. 다른 지역의 카페를 다녀와 그곳에서 맛보았던 음료를 따라 만들어보기도 하고, 이를 응용해 색다른 메뉴를 만들어보기도 했어요. 잊고 있었는데 저는 예쁜 것을 좋아하는 사람이었어요. '맛만 있으면 된다' 싶었던 것이 점점 욕심이 더해져 '기왕이면 예뻤으면 좋겠다'로 변하고 있었어요. 예쁜 잔과 도구들을 사고 기계에도 욕심을 냈죠. 집 한 켠에 제 멋대로 작게 시작한 홈 카페가 점점 활기를 더해갔어요. 음료를 만들면 기록을 위해 인스타그램에 올렸고, 많은 분들이 예쁘다며 칭찬과 응원을 더해주시니 말할 수 없이 벅차더라고요. 제 2의 인생을 홈 카페로 찾게 되었어요.

그리고 완벽하지 않을지라도 수많은 음료를 만들며 축적해 온 저만의 레시피와 노하우를 한 권의 책으로 엮게 되었어요. 카페를 준비하며 새로운 레시피로 고민하고 있을 예비 사장님들과 저와 같은 카페 러버들의 홈 카페 오픈을 돕고 싶다는 마음을 담아 준비했습니다.

예쁜 한 잔을 만들 때에는 보이는 것보다 훨씬 더 많은 노력과 시간이 필요해요. 완벽하지 않아도 괜찮습니다. 오로지 내 공간에서 나만을 위한 맛있는 한 잔이면 충분하니까요.

그럼 지금부터 여러분도 무허가 홈 카페, 시작해보지 않으실래요?

Contents

4 **Prologue**
   내 마음대로 내 취향 가득 담아 「무허가 홈 카페」를 열었습니다

13 「무허가 홈 카페」 사용 설명서
14 *basic 1* 홈 카페에 자주 활용되는 제품들
16 *basic 2* 가정용 머신으로 진한 에스프레소 추출하기
18 *basic 3* 에스프레소 머신 없이 에스프레소 만들기
18 *basic 4* 우유 거품 쫀쫀하게 내는 법
19 *basic 5* 휘핑기 없이 비엔나 크림 만들기

① yedy's cafe   coffee
하루의 시작은 카페인으로부터

26	#마블링 라테	Marbling Latte
28	#소복한 카푸치노	Ice Cappuccino
30	#바닐라빈 라테	Vanilla Bean Latte
32	#빵푸치노	Hot Cappuccino
34	#그린샷 라테	Green Shot Latte
36	#돌체 라테	Dolce Latte
44	#캐러멜 라테	Caramel Latte
46	#큐브 라테	Cube Latte
48	#아포가토	Affogato
50	#아인슈페너	Vienna Coffee
52	#다이제 플랫화이트	Digest Flatwhite
54	#카카오 비엔나	Cacao Vienna Coffee
60	#몽글 카푸치노	Cream Cappuccino
62	#썸머 라테	Summer Latte
64	#크림 에이스	Cream ACE
66	#커피 크림 커피	Coffee Cream Coffee
68	#더티 커피	Dirty Coffee
70	#도넛치노	Doughnut Ccino
72	#민트 비엔나	Mint Vienna coffee
74	#브라우니 라테	Brownie Latte
76	#모카 민트	Mocha Mint
78	#믹스 프라푸치노	Instant Coffee Blended

② yedy's cafe　non coffee
나만을 위한 예쁨이 필요한 날

84	#크림 밀크티	**Cream Milk Tea**
86	#리얼 딸기 우유	**Real Strawberry Milk**
88	#메메볼빙수	**Melon Shake with Maple Syrup**
90	#민트 초코칩 프라페	**Mint Chocochip Frappe**
92	#리얼 카카오 라떼	**Real Cacao Latte**
100	#바나나 푸딩	**Banana Pudding**
102	#말차컵빙수	**Matcha Milk Shake**
104	#포근한 아기사과	**Baby Apple Latte**
106	#홍시 스무디	**Ripe Persimmon Smoothie**
108	#부스러기 초코라떼	**Crush Chocolatte**
110	#칼라만시 청포도 요거트	**Calamansi Yogurt with Green Grapes**
112	#리얼 레모네이드	**Fresh Lemonade**
114	#몰디브 에이드	**Mint Lime Mojito**
116	#소소한 망고	**Mango Sorbet Soda**
118	#라즈베리 에이드	**Raspberry Ade**
120	#패션프루트 에이드	**Passion Fruit Ade**
122	#블루베리 요거트 스무디	**Blueberry Yogurt Smoothie**

124	#토커리 주스	Tocory Juice
126	#홈메이드 코코팜	Green Grape Soda
128	#고구마 오레	Sweet Potato Au Lait
130	#말차볼 라테	Matcha Ball Latte
132	#미숫페너	Misutgaru Cream Latte
134	#초코나무 쑥	Mugwort Latte with Cacao Cream
136	#머랭치노	Meringue Ccino
138	#코코레몬 숲	Coco Lemon Forest
140	#하프앤하프 에이드	Half & Half Ade
148	#다중인격 코코아	Expressive Cocoa
150	#단지 샷 우유	Banana Shake Latte
152	#그리너리 라테	Greenery Latte
154	#미쑥이	Misutgaru Mugwort Ice Cream
156	#밀크티 라테	Milk Tea Latte
158	#오렌지 헬멧	Orange Helmet
160	#체리 초코 우유	Cherry Choco Milk
162	#쑥 비엔나	Mugwort Vienna

「무허가 홈 카페」 사용 설명서

- 책 속 레시피에 적힌 재료 용량은 사용하는 컵 크기 또는 취향에 따라 조절합니다.
- 통상적인 에스프레소 1샷의 양은 30ml라고들 하지만 책에서는 기본 1샷을 40ml, 진한 에스프레소가 필요한 음료에는 25~30ml를 사용하고 있습니다. 본인이 소유한 머신 사양에 따라 조절하시기 바랍니다.
- 당도는 설탕 혹은 연유의 양으로 조절하세요.
- 장식에 사용되는 허브 잎은 취향에 따라 다른 것으로 대체하셔도 됩니다.
- 메뉴마다 음료를 맛있게 먹는 방법(drink tip)과 예쁜 사진을 찍는 저자만의 노하우(performance)를 적어두었습니다. 참고해서 즐거운 홈 카페 시간 보내시길 바랍니다.

basic

1 홈 카페에 자주 활용되는 제품들

많이 사용해보고 고른 저자 추천 베스트 제품이에요.
맛있는 홈 카페 음료를 위해 집에 꼭 구비해두는 것들이지요.
각자 취향에 맞게 다른 제품으로 대체하셔도 괜찮습니다!

1 일리 커피(분쇄 원두) 다크로스트 2 펭귄 더치커피 3 1883 그린민트시럽
4 엘비 메이플시럽 5 빙그레 플레인요거트

6 모리한 리치 말차파우더　**7** 발로나 코코아파우더　**8** 두손애약초 쑥분말
9 네스카페 크레마 인텐소 아메리카노　**10** ISFI 시나몬파우더

11 매일 연유　**12** 매일우유 오리지널　**13** 서울우유 생크림(동물성)
14 덴마크 생크림(동물성)　**15** 매일 휘핑크림(식물성)

basic
② 가정용 머신으로 진한 에스프레소 추출하기

가정용 에스프레소 머신은 사양이 좋은 기계라도 압력 자체가 약하기 때문에 진한 에스프레소를 추출하기에 한계가 있어요. 이 방법이 정석은 아니지만 맛있는 커피를 만들기 위해 터득한 저만의 노하우랍니다.

1 원두 고르기
에스프레소 추출용 원두는 꼭 '다크로스트(강배전)'를 사용해주세요. 집에 전동 그라인더(원두 분쇄기)가 없을 경우에는 분쇄된 원두를 사용하면 돼요. 저는 분쇄 원두로 '일리 커피 다크로스트'를 사용하고 있는데, 캔에 진공포장이 되어있어 원두가 신선하게 보관되고 입자도 매우 고운 편이에요. 고소한 맛도 강하답니다.

2 원두 그라인딩하기
포터필터(원두를 담는 손잡이가 달린 필터) 안에 최대한 원두를 꾹꾹 눌러 담아야 하니 분쇄도는 가장 고운 입자로 설정해주세요. 가정용 그라인더 역시 일정하게 고운 입자를 얻기 어려워 저는 그라인딩을 3번 정도 반복하고 있어요. 이렇게 하면 원두가 서로 뭉칠 정도로 매우 고운 입자가 만들어져요.

3   **원두 담기**

포터필터 안에 분쇄한 원두를 절반 정도 넣고 가루를 정리해 평평하게 만들고 탬퍼로 강하게 눌러 탬핑해줍니다. 그 다음 다시 분쇄한 원두를 넣고 필터 안에 원두가 가득 찰 때까지 동작을 반복해주세요. 마지막으로 탬핑했을 때 원두가 평평하게 들어갔는지 한 번 더 체크해주세요.

4   **포터필터 장착하기**

머신에 포터필터를 장착해주세요.

5   **에스프레소 추출하기**

머신 사양에 따라 추출 시간은 달라질 수 있으나 저는 약 20초 정도 추출합니다. 추출 시간이 길어지면 에스프레소가 연해질 수 있으니 적당한 시간에 끊어주세요. 여러 번의 시도를 통해 가장 적절한 시간을 찾아야 해요.

basic
③ 에스프레소 머신 없이 에스프레소 만들기

에스프레소 샷 만드는 건 머신이 없어도 가능해요. 홈 카페니까요.
이 방법은 제가 원두가 떨어졌거나 머신을 켜기 귀찮은 날 사용하는 방법이기도 해요.

1   뜨거운 물 30ml를 에스프레소 잔에 담아주세요.
2   블랙 인스턴트 커피 2봉지를 넣고 완벽하게 녹여주세요.
    tip 저는 '카누 다크로스트'와 '네스카페 크레마 인텐소 아메리카노'를 섞어서 사용합니다. 카누는 좀 더 깔끔한 액상을 만들어주는 편이고, 네스카페 제품은 에스프레소의 크레마 층을 재현해주거든요. 실제 기계로 에스프레소 샷을 내린 것 같은 비주얼을 만들 수 있어요.

basic
 우유 거품 쫀쫀하게 내는 법

우유 거품을 높게 쌓아 올려야 하는 음료의 경우
물처럼 흐르지 않는 쫀쫀한 우유 거품을 만들어야 해요.

1   거품을 내는 용도로 사용할 우유는 꼭 일반 우유를 선택하시길 바랍니다. 저지방 또는 무지방 우유는 일반 우유에 비해 거품이 풍성하게 나지 않아요.
2   우유 거품에 사용할 우유의 온도는 뜨겁지 않은, 적당히 따뜻한 정도의 온도가 적당해요. 따뜻할수록 거품이 풍성하게 나거든요. 단, 김이 폴폴 나는 너무 뜨거운 우유를 사용하면 종종 우유 비린내가 나기도 하니 주의하세요. 거품을 내기 전 전자레인지에 약 15~20초간 데우는 정도가 적당해요.
3   저는 전동 우유 거품기를 사용하는데 한 잔을 만들 때 약 20ml의 우유를 사용합니다. 그리고 거품기로 약 30초간 거품을 내면 물기 없는 쫀쫀한 거품이 만들어지지요. 이 이상의 양을 사용하면 필요 이상으로 거품 양이 많아지고, 묽은 거품이 만들어지니까 주의하세요. 거품기 종류에 따라 양을 조절해가며 자신의 기계에 맞는 우유의 양과 시간을 찾길 바랍니다.

basic
⟨5⟩ 휘핑기 없이 비엔나 크림 만들기

비엔나 커피는 커피 위에 얹어져 있는 부드러운 생크림이 생명이잖아요. 휘핑기로 열심히 크림을 만들어야 하죠. 그런데 집에 휘핑기가 없어도 비엔나 커피를 즐길 수 있다는 사실! 어서 따라 해보세요.

1   가까운 빵집에 가서 천 원짜리 생크림을 구매합니다.
    tip 저는 파리바게트 생크림을 자주 사용합니다.
2   이 생크림에 우유 30ml를 붓고 잘 저어주세요.
    tip 조금 더 흐르는 듯한 농도로 만들어야 할 때는 우유 10ml를 더 넣어주세요.
3   커피 위에 부어주세요.
    tip 천 원짜리 생크림 한 통이면 약 2잔 분량이 나와요. 생크림에 약간의 단맛이 첨가되어 있긴 하지만 취향에 따라 설탕과 연유를 추가하면 더 달달한 맛의 크림을 만들 수 있어요.

음료를 만들기 전,
컵을 깨끗이 닦는 습관이 생겼습니다.
물기 없는 깨끗하고 맑은 유리컵에
꽁꽁 얼어 있는 얼음을 넣고
첫 음료를 부어 타닥타닥 얼음이 깨지는
소리를 듣는 순간 마음이
평온해져요.

yedy's cafe coffee

PART 1

하루의 시작은 카페인으로부터

#Flatwhite #Homecafe

#Sweet #On the Table

Marbling Latte °
마블링 라테

부드러운 우유와 커피가 어우러져 적절히 균형 잡힌 고소함을 맛볼 수 있어요.
특히 우유를 붓는 순간 커피 사이로 스르르 스며드는 마블링이 예술!

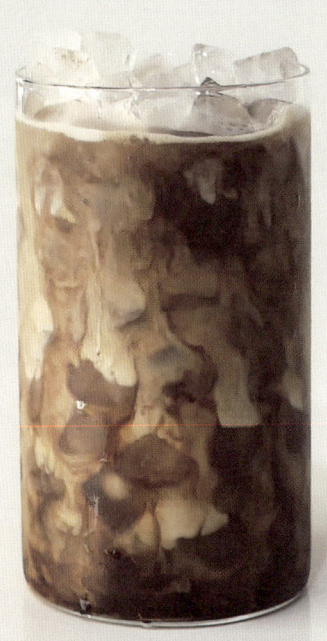

performance

우유를 다 붓고 나면 우유가 커피와 물, 얼음 사이사이로 빠르게 파고들어요. 그 순간 가장 예쁜 마블링이 그려진 곳을 찾아 컵을 돌리고, 순간 포착! 사진에 한입 꿀꺽하고 싶은 예쁜 마블링 라테를 담을 수 있어요.

Ingredient

에스프레소 40ml(또는 콜드브루 50ml), 우유 100~150ml, 자잘한 얼음 1컵 분량, 물 200ml

Recipe

1 긴 유리컵에 자잘한 얼음을 가득 담아주세요.

  tip 예쁜 마블링을 만들려면 크고 굵직한 얼음보다 작은 크기의 얼음을 사용하세요.

2 물을 부어주세요. 이때 물은 얼음이 담긴 컵의 1/2만 채워주면 돼요.

  tip **콜드브루 사용 시 컵의 1/2보다 조금 더 넉넉히 담아주세요.**

3 에스프레소를 붓고 물과 섞이게끔 10초간 그대로 두세요.

4 컵의 가장자리를 따라 가는 줄기로 우유를 쪼르르 붓다가 둥글게 원을 그리며 얼음 위로 천천히 우유를 다 부어주세요.

⟨2⟩ Ice Cappuccino °
소복한 카푸치노

부드러운 거품과 함께 입 안으로 달콤한 커피가 스며드는 기분은
말로 다 표현할 수 없을 만큼 황홀해요.

Ingredient

에스프레소 40ml, 우유 200ml, 얼음 12개, 우유 거품 적당량, 시나몬스틱 1개

Recipe

1 컵에 얼음을 넣고 우유를 부어주세요.
2 에스프레소를 천천히 부어주세요.
3 우유 거품을 듬뿍 얹어요. 거품의 양을 점차 줄여가며 탑처럼 쌓아주세요.
  tip 물기 없는 쫀쫀한 우유 거품을 사용해야 모양이 예뻐요.
4 시나몬스틱 또는 시나몬파우더를 얹어주세요.

③ Vanilla Bean Latte
바닐라빈 라테

풍미 가득한 바닐라빈 시럽의 단맛과 커피의 고소한 향을 머금으면
스트레스가 사르르 녹아내려요.

Ingredient

바닐라빈 시럽(1병 분량) 바닐라빈 3개, 설탕 300g, 물 440ml
콜드브루 40ml, 우유 180ml, 얼음 12개

Recipe

1. 바닐라빈 3개를 반으로 갈라 씨앗을 긁어냅니다.
2. 냄비에 물과 설탕을 넣은 뒤 젓지 말고 끓여주세요. 젓게 되면 설탕 결정이 생겨요. 시럽이 끓어오르면 소독된 유리병에 옮겨주세요. ①을 모두 넣고 뚜껑을 닫아주세요.

   tip 원래는 설탕과 물의 비율을 1:1로 맞춰야 하지만 저는 단맛을 조금 줄였어요. 설탕이 물보다 많을 경우 시럽이 되지 않고 식으면 굳을 수도 있으니 비율을 꼭 지켜주세요. 완성된 시럽은 최소 3일 이상 실온에서 숙성시킨 뒤 사용해주세요. 냉장 보관하면 30~40일까지 사용 가능합니다.

3. 컵에 얼음을 넣고 ②의 바닐라빈 시럽 36ml를 부은 뒤 시럽에 절인 바닐라빈 껍질 1조각을 넣어주세요.
4. 우유를 부어주세요.
5. 콜드브루를 천천히 부어주세요.

④ **Hot Cappuccino** °
빵 푸 치 노

마치 빵이 부풀어 오른 것 같은 비주얼이에요.
코코아파우더 대신 시나몬파우더나 말차파우더 등을 취향대로 얹어주세요.

Ingredient

에스프레소 40ml, 우유 140ml, 우유 거품 적당량, 코코아파우더 약간

Recipe

1. 컵에 에스프레소를 부어주세요.
2. 따뜻한 우유를 100ml만 부어주세요.
3. 우유 거품을 풍성하게 올려주세요. 겹겹이 쌓아올린 뒤 마지막에 숟가락으로 살살 문질러 둥글게 모양을 내주세요.
4. 코코아파우더를 소복하게 뿌려주세요.
5. 거품 중앙에 남은 우유를 천천히 부어주면 거품이 부풀어 올라요.

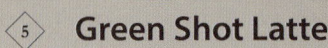
Green Shot Latte°
그린샷 라테

진한 말차베이스 위에 우유와 에스프레소를 부어 3단 층을 쌓아줬어요.
예쁜 층이 잘 보이도록 유리컵을 사용하는 센스!

Ingredient

말차파우더 30g, 에스프레소 40ml, 우유 260ml, 얼음 12개
• 말차파우더는 '모리한 리치 말차파우더'를 사용했어요.

Recipe

1. 말차파우더에 따뜻한 우유 60ml를 붓고 가루가 뭉치지 않도록 저어주세요.
2. 컵에 얼음을 넣고 ①을 모두 부어주세요.
3. 남은 우유를 가느다란 줄기로 천천히 부어주세요.

    tip 우유를 빠르게 부으면 말차베이스와 뒤섞여요. 예쁜 층을 만들고 싶다면 반드시 천천히 부어주세요.
4. 에스프레소를 가느다란 줄기로 천천히 부어주세요.

drink tip

2~3모금은 컵에 입을 대고 쪼로로 마셔요. 에스프레소, 우유, 말차 순으로 입 안을 알싸하게 적신 뒤 나머지는 잘 섞어 먹으면 돼요.

Dolce Latte
돌체 라테

'베트남 커피(카페 쓰어다)'라고도 불리는 연유 커피예요.
정석은 굵은 입자의 베트남 원두를 '커피핀'이라는 기구로 내리고, 옹토 연유를
섞어 만들지만 우리는 시중에서 쉽게 구할 수 있는 재료들로 만들 거예요.

drink tip

시나몬스틱으로 연유와 우유가 골고루 섞일 수 있게 휘휘 저어주세요. 연유는 차가운 우유와 잘 섞이지 않으니까 충분히 저어주어야 맛있는 베트남식 커피를 즐길 수 있어요. 시나몬스틱에서 퍼지는 은은한 시나몬 향도 맛에 한몫 한답니다.

Ingredient

에스프레소 40ml, 연유 50g, 우유 180ml, 얼음 12개, 시나몬스틱 1개

Recipe

1 컵에 연유를 부어주세요.
2 얼음을 넣고 우유를 부어주세요.
3 얼음 위에 에스프레소를 가느다란 줄기로 천천히 부어주세요.
4 시나몬스틱 1개를 툭 꽂아주세요.

Caramel Latte
캐러멜 라테

에스프레소와 캐러멜시럽을 섞은 뒤 우유 거품을 부어주면 그라데이션도 예쁘고, 젓지 않아도 전체적으로 균일한 맛이 나요.

Ingredient

캐러멜시럽 물 35ml, 설탕 70g, 동물성 생크림 70ml, 바닐라 익스트렉 2~3방울
에스프레소 40ml, 우유 130ml, 얼음 12개

Recipe

1. 캐러멜시럽을 만들어요. 코팅된 팬에 설탕과 물을 넣고 약한 불에서 캐러멜 색이 날 때까지 저어가며 끓여주세요.

   tip 저는 코팅된 밀크팬을 사용했어요. 일반 냄비를 사용하면 시럽이 눌어 붙을 수 있어요. 이땐 물을 담고 한 번 끓인 뒤 바로 씻어주세요.

2. 캐러멜 색이 나면 불을 끄고 생크림을 빠르게 여러 번 나누어 넣으며 섞어주세요. 바닐라 익스트렉도 2~3방울 떨어뜨립니다(선택 사항). 완성된 시럽은 유리병에 보관해주세요.

   tip 캐러멜시럽은 비율이 중요해요. 물, 설탕, 생크림의 비율을 1/2 : 1 : 1로 맞춰주세요. 소량만 만들어 그때그때 소진하는 게 가장 좋아요.

3. 컵에 캐러멜시럽 35ml를 부어주세요.
4. 에스프레소를 붓고 캐러멜시럽과 잘 섞어주세요.
5. 얼음을 넣고 우유의 약 2/3 정도만 거품을 낸 뒤 남은 우유와 섞어서 가득 부어주세요.

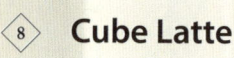

Cube Latte °
큐브 라테

에스프레소를 그대로 얼려도 되지만 양이 적고
쓴맛이 강해서 전 드립커피를 진하게 내려 얼린답니다.

performance

사진이나 영상용으로 만들고 싶다면 우유를 살짝 데워서 부어주세요. 마블링이 적당히 예쁜 정도로 살아나면서 먹음직스러워 보인답니다. 우유가 너무 뜨거우면 붓는 동시에 컵에 김이 서려 원하는 그림이 안 나타나요.

Ingredient

커피 얼음 적당량, 우유 130ml
• 커피 얼음의 분량은 얼음 크기에 따라 달라집니다. 한 컵 분량의 우유를 준비해 커피 얼음을 녹여가며 드세요.

Recipe

1 드립커피를 진하게 내려주세요.

   tip 이 과정이 귀찮다면 시판 콜드브루를 이용해주세요.

2 얼음 틀에 드립커피를 부어 반나절 이상 얼려주세요. 커피가 따뜻할 때 바로 얼리면 표면이 깔끔한 얼음을 만들 수 있어요.

3 컵에 커피 얼음을 취향껏 담아주세요.

4 따뜻하게 데운 우유를 천천히 부어가며 드세요.

Affogato °
아포가토

저는 스쿱을 아이스크림을 푸는 용도로만 쓰지 않아요.
주먹밥 만드는 틀처럼 모양을 잡는다는 느낌으로 사용합니다.
이번에 아이스크림 예쁘게 담는 노하우를 확실하게 전수해드릴게요!

Ingredient

아이스크림 130g(스쿱 크기에 따라 양을 조절해주세요.), 에스프레소 40ml

* 아이스크림은 '이마트 노브랜드 밀크 아이스크림'을 사용했어요.

Recipe

1. 숟가락으로 포를 뜨듯이 넓고 얇게 아이스크림을 푼 다음 첫 스푼은 거꾸로 뒤집어서 볼록한 부분이 스쿱 면에 닿게 담아주세요.
2. 아이스크림을 반복해서 겹겹이 쌓아요. 중간 중간 숟가락으로 아이스크림을 꾹꾹 눌러가며 빈 공간 없이 가득 담아주세요.
3. 숟가락으로 꾹꾹 눌러 윗면을 평평하게 만들어주세요. 이때 아이스크림의 농도는 젤라또처럼 약간 녹아 꾸덕거릴 정도면 됩니다. 그대로 냉동실에 10분 정도 넣어두세요.
4. 스쿱 머리 부분을 손바닥으로 10번 정도 문지른 뒤 컵에 아이스크림을 담아주세요. 아이스크림이 손의 온기로 살짝 녹아 스쿱에서 깔끔하게 떨어집니다.
5. 에스프레소를 천천히 부어주세요.

drink tip

아이스크림과 따뜻하고 진한 에스프레소의 만남은 언제나 옳아요. 더 시원하게 즐기려면 컵 밑에 얼음을 평평하게 담고, 그 위에 아이스크림을 얹은 뒤 콜드브루나 차가운 에스프레소를 부어주세요.

Vienna Coffee °
아인슈페너

오스트리아 빈(비엔나)에서 유래한 비엔나커피는
본래 뜨거운 커피에 차가운 크림을 올려 마셔요.
커피와 크림의 온도가 맞지 않으면 느끼해질 수 있으니
홈 카페에서는 아이스로 즐기는 게 더 좋아요.

Ingredient

에스프레소 40ml, 동물성 생크림 80ml, 설탕 10g, 얼음 10개, 물 185ml, 초콜릿 조각 약간

Recipe

1 동물성 생크림에 설탕을 넣고 30~60초 정도 휘핑해줍니다. 원하는 크림 농도를 보며 시간을 조절하세요.

   tip 크림 당도는 설탕으로 조절해주세요. 휘핑을 오래 할수록 더 깔끔한 층이 만들어지지만 동물성 생크림의 경우 너무 오래 휘핑하면 매끈한 질감을 낼 수 없어요.

2 컵에 얼음, 물, 에스프레소 순으로 부어주세요.

3 ①을 듬뿍 얹어주세요.

4 초콜릿 조각이나 코코아파우더를 뿌려주세요.

⟨11⟩ Digest Flatwhite °
다이제 플랫화이트

플랫화이트는 일반 라테보다 우유의 양이 적어 훨씬 진한 커피 향을 느낄 수 있어요. 여기에 얼음 대신 다이제스트 과자를 사용해 독특한 플랫화이트를 만들어봤어요.

drink tip

아침식사 대용으로도 가능해요. 바삭거려 시리얼 같기도 하죠. 특히 에스프레소와 잘 어울린답니다. 눅눅해진 다이제스트를 떠먹어야 하니 예쁜 티스푼도 함께 준비해주세요.

Ingredient

다이제스트 과자 4개, 우유 188ml, 에스프레소 25ml(평소보다 진하게 내려주세요.)

Recipe

1 다이제스트를 적당한 크기로 부숴 컵에 대충 담아주세요.

   tip 아이스 라테를 만들 때 얼음 위로 샷을 부어야 예쁜 층이 생겨요. 저는 얼음 대신 과자 위로 샷을 부을 거예요. 과자가 서로 엇갈리게 빈 공간이 많도록 담아주세요.

2 차가운 우유를 부어주세요.

3 과자 위로 에스프레소를 천천히 부어주세요.

⟨12⟩ **Cacao Vienna Coffee** °
카카오 비엔나

보통의 비엔나커피와 달리 묵직한 초콜릿 크림이 올라가
쌉싸래한 단맛을 듬뿍 느낄 수 있어요.

Ingredient

콜드브루 50ml, 얼음 7개, 물 160ml, 코코아파우더 약간, 애플민트 약간
• 콜드브루는 '펭귄 디치커피'를, 코코아파우더는 '발로나 코코아파우더'를 사용했어요.
1층 초콜릿 크림(중간 농도) 생크림 60ml, 설탕 10g, 코코아파우더 5g
2층 초콜릿 크림(짙은 농도) 생크림 35ml, 설탕 5g, 코코아파우더 5g

Recipe

1. 컵에 얼음을 넣고 콜드브루와 물을 부어주세요.
   tip 일반 에스프레소로 대체할 때는 40ml를 넣어주세요.
2. 1층 초콜릿 크림 재료를 모두 섞어 약 15~20초간 휘핑한 뒤 얹듯이 부어주세요.
   tip 코코아파우더가 들어가 빨리 굳기 쉬우니 부드럽게 흘러내릴 정도로 빠르게 휘핑해주세요. 1층과 2층에 사용된 생크림은 동물성 생크림만 써도 되지만 유지분리가 쉬워 작업성이 떨어지므로 식물성 생크림과 반반 섞어 사용하는 것을 추천합니다.
3. 2층 초콜릿 크림 재료를 모두 섞어 약 40초간 휘핑한 뒤 짤주머니에 넣고 ② 위에 뿔 모양으로 짜 올려주세요.
4. 코코아파우더를 솔솔 뿌리고 애플민트로 장식합니다.

drink tip

울퉁불퉁 쌓아올린 생크림 위로 코코아파우더를 뿌렸더니 티라미수 같아요. 위쪽의 크림은 스푼으로 떠 초콜릿 크림의 진한 맛을 충분히 만끽한 뒤 가운데 부드러운 초콜릿 크림은 커피와 함께 호로록 즐겨주세요.

Cream Cappuccino °
몽글 카푸치노

동물성 생크림과 연유를 섞어 만든 크림을 얹었어요.
크림만 떠 먹어도, 커피와 함께 즐겨도 고소하고 맛있답니다.

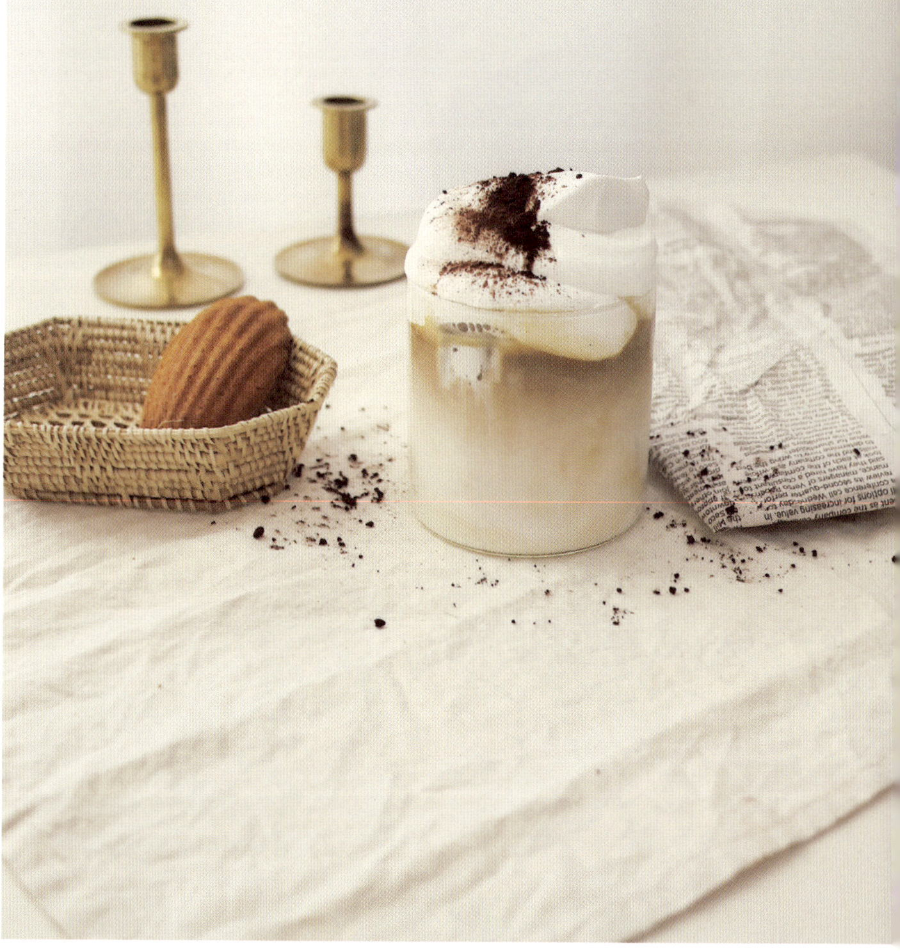

performance

크림을 대충 툭 올려야 멋스러워요. 코코아파우더는 일자로 뿌려주면 더 예쁘답니다. 스쿱이 없으면 밥숟가락 2개를 이용해 크림을 타원형으로 모아 얹어주세요.

Ingredient

에스프레소 40ml, 동물성 생크림 90ml, 연유 10ml, 얼음 7개, 우유 220ml, 코코아파우더 약간

Recipe

1 동물성 생크림과 연유를 섞어 약 30초~1분간 휘핑해주세요.

   tip 스쿱으로 모양을 낼 수 있을 정도의 농도로만 휘핑해주세요. 동물성 생크림의 경우 오버휘핑하게 되면 질감이 거칠어지니 주의합니다.

2 컵에 얼음을 넣고 우유를 부어주세요.

3 얼음 위로 에스프레소를 천천히 부어주세요.

   tip 우유가 평소보다 많이 들어가기 때문에 에스프레소를 진하게 내렸어요.

4 스쿱으로 ①의 크림을 가득 떠서 음료 위에 얹어주세요.

5 코코아파우더를 솔솔 뿌려줍니다.

Summer Latte °
썸머 라테

호주식 아이스 커피로 우리에게는 아이스 라테에 아이스크림을 올린 음료로 익숙하죠. 아이스크림의 종류나 라테 스타일에 따라 맛이 달라져 특별히 아끼는 메뉴이기도 해요.

Ingredient

에스프레소 30ml, 아이스크림 1스쿱, 얼음 15개, 우유 100ml, 코코아파우더 약간

* 아이스크림은 '하겐다즈 로얄밀크티'를 사용했어요.

Recipe

1. 컵에 얼음을 가득 채워주세요. 긴 컵을 사용할 경우엔 얼음을 끝까지 다 채우지 않아도 됩니다.
2. 우유를 부어주세요.

   tip 저는 준비한 잔의 크기가 작아서 우유가 적게 들어갔기 때문에 라테보다는 진한 플랫화이트에 가까워요.
3. 얼음 위로 에스프레소를 천천히 부어주세요.
4. 아이스크림을 얹어주세요.

   tip 긴 컵 사용 시 우유는 컵의 2/3 조금 안 되게 채운 뒤 아이스크림을 동동 띄워주세요.

drink tip

아이스크림부터 조심히 떠먹다가 빨대로 라테를 몇 모금 마시고 나머지는 아이스크림과 섞어드세요.

⟨15⟩ Cream ACE °
크림 에이스

인스턴트 커피를 활용했고 그와 찰떡궁합인 에이스를 추가했지요.
무기력한 오후의 스트레스를 녹여줄 디저트 겸 음료랍니다.

Ingredient

믹스커피 1개, 인스턴트 블랙 커피 1개, 물 30ml, 동물성 생크림 50ml, 설탕 8g, 우유 100ml, 얼음 6개, 에이스 과자 2~3개

Recipe

1. 커피베이스부터 만들어요. 뜨거운 물에 믹스커피와 인스턴트 블랙 커피를 넣고 잘 녹여주세요.
2. 동물성 생크림에 설탕을 넣고 약 30초간 휘핑합니다. 흐르는 듯하면서도 묵직한 느낌이 드는 정도(과자를 얹었을 때 바로 가라앉지 않을 정도)면 돼요.
3. 컵에 얼음을 넣고 우유를 부은 뒤 ①의 커피베이스를 부어주세요.

    tip 커피에 과자를 찍어 먹으려면 농도가 진해야 맛있어요. 얼음이 들어가니까 일반 라테보다 우유의 양을 줄였고, 블랙 커피를 추가해 진한 커피 맛도 살렸답니다.

4. ②를 듬뿍 얹고 에이스 과자를 꽂아주세요.

Coffee Cream Coffee
커 피 크 림 커 피

강한 카페인의 마법이 필요한 날 이만한 것이 없죠.
이 메뉴만큼은 저는 무조건 대용량으로 만들기 때문에 계량도 큰 컵 기준입니다.

Ingredient

믹스커피 1개, 에스프레소 40ml, 물 10ml, 동물성 생크림 65ml, 설탕 5g, 얼음 12개, 우유 140ml

Recipe

1. 뜨거운 물에 믹스커피를 넣고 잘 녹여주세요.
2. 동물성 생크림과 설탕을 섞어 약 20초간 휘핑한 뒤 1번을 넣고 10초 더 휘핑해 커피 크림을 만들어주세요.
3. 컵에 얼음을 넣고 우유를 부어주세요.
4. 얼음 위로 에스프레소를 부어주세요.
5. ②의 커피 크림을 듬뿍 얹어주세요.

⟨17⟩ Dirty Coffee °
더티 커피

지저분할수록 매력이 더해지는 메뉴랍니다.
커피 대신 코코아를 활용해 '더티 코코아'로도 즐겨보세요.

Ingredient

에스프레소 30ml, 우유 100ml, 동물성 생크림 50ml, 설탕 10g, 코코아파우더 적당량

Recipe

1. 컵에 에스프레소를 부어주세요.
2. 따뜻한 우유를 부어주세요.
3. 동물성 생크림과 설탕을 섞어 약 20~30초간 휘핑한 뒤 컵 윗면을 넘지 않는 정도까지 부어주세요. 이때 크림의 농도는 묽어서 졸졸 흐르는 정도여야 해요.
4. 코코아파우더를 빈틈이 보이지 않도록 듬뿍 뿌려주세요.
5. 그 위로 남은 크림을 모두 부어주세요. 컵 밖으로 넘쳐 흘러도 괜찮아요.
   tip 크림이 너무 단단하게 휘핑되었을 경우엔 우유를 부어주세요.
6. 코코아파우더를 한 번 더 듬뿍 뿌려주세요.

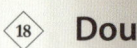

Doughnut Ccino
도넛치노

커피와 도넛을 그냥 먹기 심심해서 커피 위에 도넛을 얹고 가운데 구멍에
우유 거품을 봉긋하게 올렸던 적이 있는데 귀엽다며 인기만점이었어요.

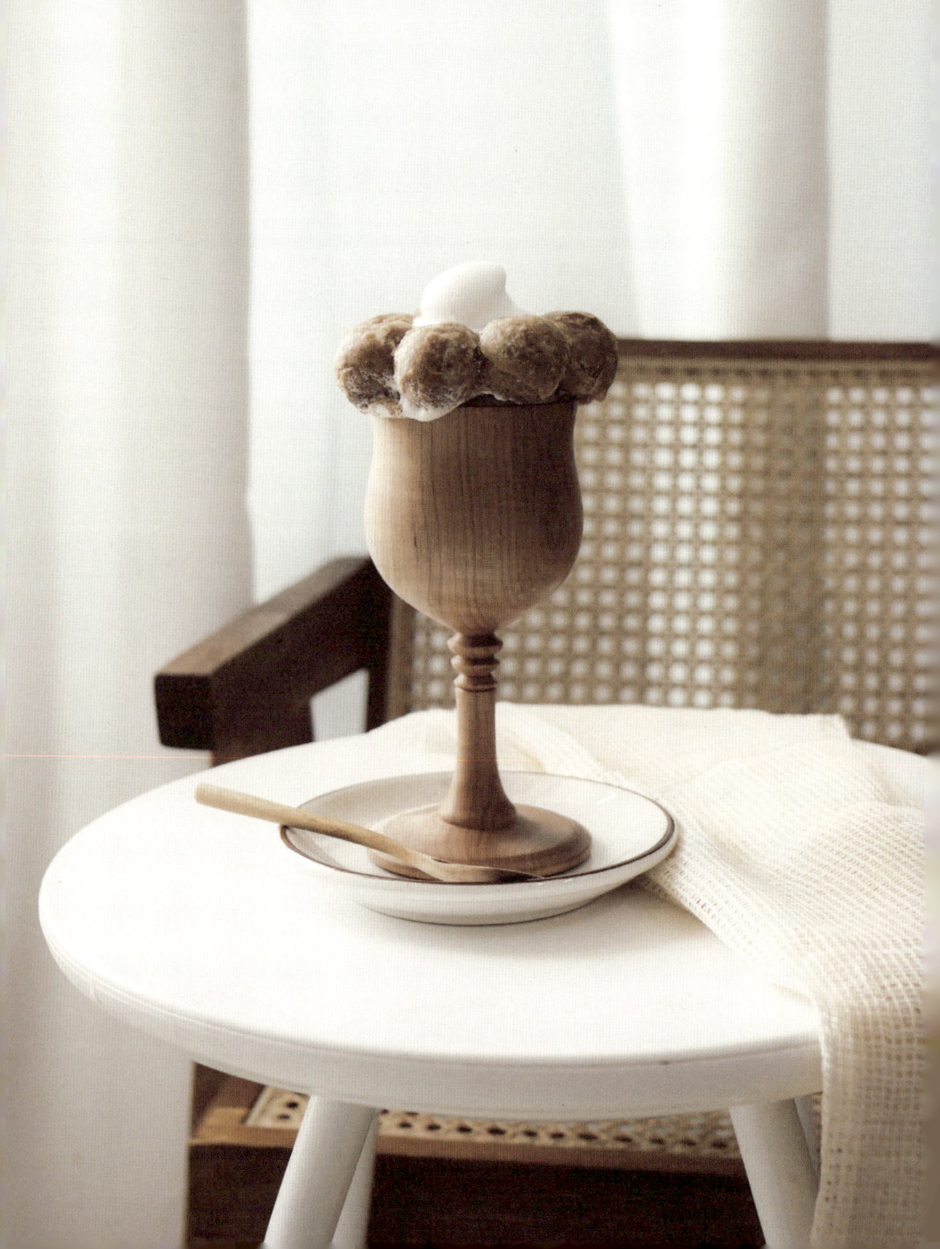

Ingredient

콜드브루 40ml, 우유 100ml, 우유 거품 적당량, 시나몬파우더 약간, 도넛 1개
• 던킨도너츠의 '카푸치노 츄이스티' 도넛을 사용했어요.

Recipe

1   컵에 콜드브루를 부어주세요.

    tip 저는 에스프레소만큼 농도가 진한 콜드브루를 사용했는데, 일반 콜드브루를 사용할 때는 커피 양을 5~10ml 더 늘려주세요.

2   우유 거품을 한 스푼 올리고 시나몬파우더를 뿌려주세요.
3   따뜻한 우유를 컵의 2/3까지 부어주세요.
4   우유 거품을 풍성하게 올려주세요.
5   도넛을 올리고 도넛 가운데 구멍에 우유를 부어 거품이 부풀어 오르도록 해주세요. 컵과 도넛 사이즈가 딱 맞으면 우유가 쉽게 넘치지 않아요.
6   우유 거품을 도넛 가운데 구멍에 볼록하게 얹어주세요.

⟨19⟩

Mint Vienna Coffee °

민트 비엔나

똑 떨어지는 예쁜 층을 만들고 싶다면 크레마가 있는 에스프레소보다는 진한 드립커피를 쓰는 게 좋아요.

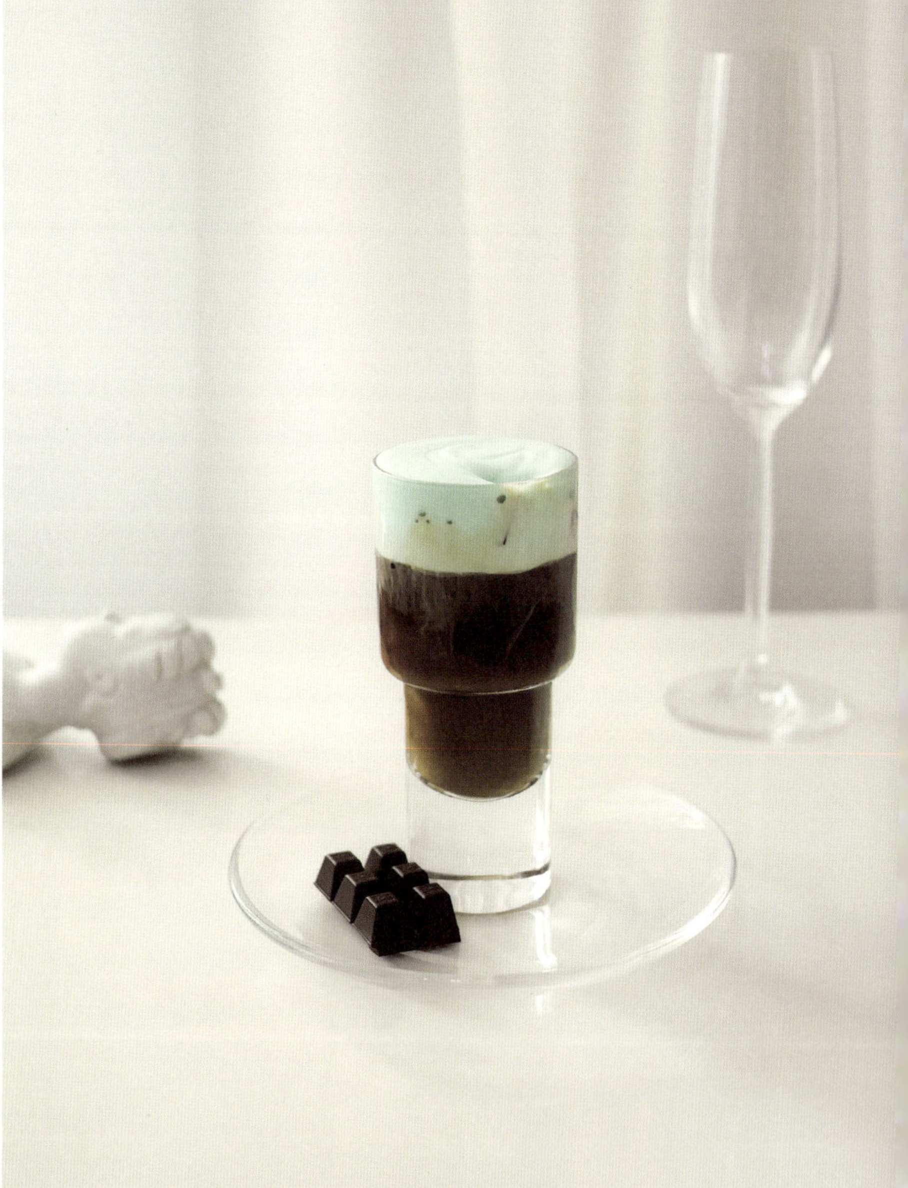

Ingredient

드립커피 100ml, 동물성 생크림 50ml, 민트시럽 15ml, 얼음 14개, 초콜릿 조각 약간

Recipe

1. 핸드드립으로 커피베이스를 준비해주세요. 아이스에 사용할 드립커피니까 진하게 내려주세요.
2. 컵에 얼음을 넣고 방금 내린 드립커피를 부어주세요.
3. 동물성 생크림과 민트시럽을 섞어 약 30초간 휘핑한 뒤 커피 위에 얹듯이 부어주세요.
4. 초콜릿 조각을 얹어주세요.

⟨20⟩ Brownie Latte °
브라우니 라테

디저트가 따로 필요 없는 원컵 메뉴랍니다.
카페인을 못 먹는 분들은 베이스를 무가당 코코아로 만들어보세요.

performance

촬영 전에 브라우니 무게 때문에 크림 아래로 가라앉을 수도 있어요. 생크림을 충분히 휘핑해 묵직한 농도로 만든 뒤 얹어주세요. 우유, 크림, 커피 순으로 부어야 깔끔한 3단 층이 만들어져요.

Ingredient

에스프레소(or 콜드브루) 40ml, 동물성 생크림 50ml, 연유 5ml, 얼음 15개, 우유 170ml, 코코아파우더 약간, 브라우니 1개
* 브라우니는 '마켓오 브라우니'를 사용했어요.

Recipe

1 컵에 얼음을 넣고 우유를 부어주세요.

    tip 우유의 양은 컵 크기에 맞게 조절하세요.

2 동물성 생크림과 연유를 섞어 약 30초간 휘핑한 뒤 얹어주세요.

3 에스프레소나 농도가 진한 콜드브루를 천천히 부어주세요.

4 크림 위에 브라우니 조각을 얹고 코코아파우더를 뿌려주세요.

㉑ **Mocha Mint** °
모카 민트

민트시럽이 들어가는 음료 중 가장 좋아하는 메뉴입니다.
에스프레소 위에 뿌린 코코아파우더가 단맛을 잡아주고 풍미를 더해줘요.

Ingredient

에스프레소 30ml, 다크 초콜릿 10g, 민트시럽 20ml, 우유 130ml, 얼음 6개, 코코아파우더 적당량

Recipe

1 다크 초콜릿을 접시에 담고 전자레인지에 약 30초간 돌려 녹인 뒤 준비된 컵을 거꾸로 엎어 컵 입구에 초콜릿을 묻혀주세요.

2 컵을 뒤집어 바닥을 손바닥으로 여러 번 쳐서 초콜릿이 자연스럽게 흐르도록 해주세요.

3 민트시럽과 우유를 붓고 저어주세요.

4 얼음을 넣고 그 위로 에스프레소를 천천히 부어주세요.

5 코코아파우더를 듬뿍 뿌려주세요.

◇22◇ Instant Coffee Blended °
믹스 프라푸치노

더운 여름, 이 음료 한 잔이면 당 충전은 물론이고 더위도 잊어버릴 것 같아요.
믹스커피를 활용해 간단하게 만들어보세요.

Ingredient

믹스커피 2봉지, 물 30ml, 우유 70ml, 얼음 18개, 동물성 생크림 30ml, 식물성 생크림 30ml, 설탕 10g

Recipe

1. 믹스커피에 뜨거운 물을 붓고 잘 녹인 뒤 차가운 우유와 얼음 13개를 넣고 믹서로 충분히 갈아주세요.
2. 동물성 생크림과 식물성 생크림, 설탕을 섞어 1분 정도 휘핑해 뿔이 생기는 단단한 크림을 만들어주세요. 동물성 생크림만 사용할 경우 모양이 흐트러질 수 있으니 가능하면 식물성 생크림과 반반 섞어주세요. 연유 대신 설탕을 넣어야 더 단단한 크림을 만들 수 있어요.
3. 컵에 ①을 붓고 남은 얼음을 넣어주세요.
4. ②를 짤주머니에 넣고 음료 위에 뿔 모양으로 짜주세요.

drink tip

진한 카페인을 원한다면 ①의 음료베이스에 에스프레소 30ml를 추가하면 돼요. 취향에 따라 단맛은 설탕으로 조절합니다.

yedy's cafe   non coffee   PART 2

나만을 위한 예쁨이 필요한 날

#Brunch #Sandwich

#Baking #Dessert

Cream Milk Tea °
크림 밀크티

얼그레이 특유의 베르가못 향과 생크림 위에 살짝 뿌린 시나몬 향의 조합이
의외로 잘 어울려 자꾸만 쿵쿵거리고 싶어져요.

Ingredient

홍차베이스 얼그레이 티백 2개, 꿀 30ml, 물 100ml
연유 생크림 동물성 생크림 40ml, 연유 15ml, 설탕 약간
우유 125ml, 얼음 20개, 시나몬파우더 약간

Recipe

1   얼그레이 티백 2개에 뜨거운 물을 붓고, 꿀을 넣어 저은 뒤 5분간 우려내 홍차베이스를 만들어주세요.

   tip 시간적 여유가 있다면 찬물에 티백을 담가 냉장고에서 15시간 정도 냉침하면 떫은맛 없이 진하고 깔끔한 홍차베이스를 만들 수 있어요.

2   티백이 진하게 우려지는 동안 연유 생크림을 만들어요. 생크림과 연유, 설탕을 섞어 1분간 힘차게 휘핑해주세요. 단맛은 연유로 조절하세요.

3   컵에 얼음을 2/3 정도 채우고 ①의 홍차베이스를 부어주세요.

4   얼음 위로 우유를 천천히 부어주세요. 그래야 홍차와 우유가 섞이지 않고 층이 생겨요.

5   ②의 연유 생크림을 얹은 뒤 시나몬파우더를 뿌려주세요.

drink tip
비엔나커피처럼 맨 위의 크림을 몇 모금 마신 뒤에 홍차베이스와 우유를 잘 섞어서 즐겨주세요.

Real Strawberry Milk °
리얼 딸기 우유

생크림과 딸기 조각을 같이 떠먹다가 섞으면 중간중간 씹히는
생딸기의 식감이 기절할 정도로 맛있어요. 두 잔도 거뜬하답니다.

Ingredient

딸기콩포트 딸기 30g(약 10개), 설탕 25g
우유 250ml, 동물성 생크림 50ml, 설탕 5g, 딸기 4개, 타임 약간

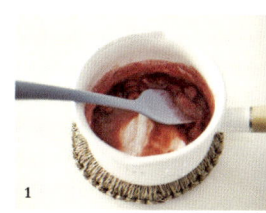

Recipe

1 냄비에 딸기와 설탕을 넣고 약한 불에서 약 15분간 조리다가 끓어오르면 주걱으로 딸기를 으깨듯이 잘 라주세요. 딸기콩포트가 완성됩니다.

   tip 콩포트의 양을 늘릴 경우 시간도 함께 늘려주세요.

2 컵에 식힌 딸기콩포트를 전부 붓고 우유를 천천히 부어주세요.

3 동물성 생크림과 설탕을 섞어 1분간 휘핑한 뒤 얹어 주세요.

   tip 크림에 무게감이 있어야 딸기를 얹어도 가라앉지 않아요.

4 딸기 3개를 잘게 깍둑썰기 한 뒤 생크림 위에 얹어 주세요.

5 딸기 1개를 컵 가장자리에 꽂고 타임으로 장식해주 세요.

Melon Shake with Maple Syrup
메 메 볼 빙 수

메이플시럽을 넣어 풍미를 더한 밀크셰이크와
멜론이 너무 잘 어울려요.

Ingredient

멜론 1/2개(알맹이 약 10알+과육 약 160g), 꿀 15ml, 우유 90ml, 얼음 5~8개, 메이플시럽 10ml, 애플민트 약간
• 멜론은 '허니듀멜론'을 추천해요. 섬유질이 적어 줄기가 없는 깔끔한 표면의 멜론볼을 만들 수 있어요.

Recipe

1. 멜론의 가운데 씨앗을 제거한 뒤 과육 부분에 과일 스쿱 또는 커피 스푼을 대고 그대로 꾹 누른 다음 속에서부터 퍼내듯이 동그랗게 알맹이를 10알 정도 떠주세요.
2. 멜론 과육과 꿀을 믹서에 넣고 충분히 간 뒤 체에 걸러주세요.
   tip 멜론 당도에 따라 꿀의 양을 조절하세요.
3. 컵에 멜론 알맹이를 가득 담고 ②를 부어주세요.
4. 믹서에 우유, 얼음, 메이플시럽을 넣고 약 20초간 갈아서 밀크셰이크를 만든 뒤 위에 가득 얹어주세요. 액체를 먼저 따른 뒤 얼음 알갱이를 덜어주세요.
5. 멜론 알맹이 1~2알을 올리고 애플민트로 장식해주세요.

Mint Chocochip Frappe
민트 초코칩 프라페

프라페 위에는 보통 생크림이 올라가지만 저는 민트 아이스크림으로 조금 더 깔끔한 맛을 냈답니다. 살얼음으로 오독오독 식감도 더했어요.

performance
오레오 모양처럼 동그스름한 유리잔에 담아봤더니 너무 귀여워요. 오레오를 함께 갈아 넣어서 프라페베이스의 색이 조금 탁해보이죠? 손으로 대충 부숴서 베이스 위에 얹는 방법도 있어요. 음료 색도 깔끔하고 식감도 좋아져요.

Ingredient
민트 아이스크림 1스쿱, 민트시럽 20ml, 우유 200ml, 얼음 7개, 오레오 쿠키(크림 빼고) 2~5개
- 민트 아이스크림은 베스킨라빈스의 '민트초코칩'을 사용했어요.

Recipe
1. 프라페베이스를 만들어요. 믹서에 우유, 얼음, 민트시럽, 오레오 쿠키 2개를 넣고 얼음이 씹힐 정도로 가볍게 갈아주세요.
2. 컵에 ①의 프라페베이스를 붓고 식감을 살리고 싶다면 중간에 살얼음을 약간 추가해줍니다.
3. 민트 아이스크림 한 스쿱을 얹어주세요. 취향에 따라 생크림이나 다른 아이스크림을 올려도 좋아요.
4. 오레오 쿠키로 예쁘게 장식해주세요.

⑤ **Real Cacao Latte**°
리얼 카카오 라테

초콜릿 음료를 사 먹으면 너무 가벼운 단맛에 실망할 때가 많은데, 이건 달라요.
깊고 진한 카카오의 풍미를 그대로 느낄 수 있어요.
제가 우울하거나 지칠 때 꼭 찾는 베스트 메뉴이기도 하지요.

Ingredient

초콜릿베이스 우유 100ml, 연유 20ml, 코코아파우더 20g
우유 120ml, 우유 거품 적당량, 얼음 10개, 초코블로섬 약간
* 코코아파우더는 프랑스산 '발로나 코코아파우더'를 사용했어요.

Recipe

1. 전자레인지에 우유를 30초간 데운 뒤 코코아파우더, 연유를 넣고 뭉치지 않도록 잘 섞어 초콜릿베이스를 만들어주세요.
2. 컵에 얼음을 넣고 ①의 초콜릿베이스를 전부 부어주세요.
3. 우유 거품을 소복하게 쌓아주세요.
4. 컵의 가장자리 벽면을 따라 차가운 우유를 천천히 부어주세요.

   tip 우유를 천천히 부어야 소복하게 쌓아둔 우유 거품이 위로 솟아요.

5. 그 위에 초코블로섬을 솔솔 뿌려주세요.

   tip 다크 초콜릿을 강판에 갈아 뿌리거나, 얇게 채 썰어 얹어도 돼요. 음료가 더 맛있게 느껴지도록 식감을 더해준답니다.

#Like #Holiday #Peaceful

Banana Pudding
바나나 푸딩

쿠키에 크림이 스며들수록 맛이 깊어지기 때문에
냉장고에 하루 정도 숙성시킨 후 먹으면 더 맛있답니다.

Ingredient

커스터드 크림 달걀노른자 2개, 설탕 40g, 박력분 14g, 우유 165ml, 무염버터 10g 동물성 생크림 60ml, 연유 5ml, 다이제스트 과자 6개, 바나나 1½개, 바닐라 익스트렉 1~2방울

Recipe

1. 달걀노른자와 설탕을 잘 섞은 뒤 박력분을 넣고 한 번 더 섞어주세요.
2. 냄비에 우유와 무염버터를 넣고 약한 불에서 끓이다가 가장자리가 약간 끓어오르면 불을 바로 꺼주세요.
3. ①에 ②를 조금씩 부어가면서 저어주세요. 섞은 반죽은 체에 걸러 냄비에 옮겨 담고 약한 불에서 한 번 더 끓여주세요. 이때 바닐라 익스트렉을 1~2방울 넣어주면 향도 맛도 좋아져요. 타지 않게 원을 그리며 젓다가 살짝이라도 굳는 기미가 보이면 바로 불을 꺼주세요. 커스터드 크림이 완성됩니다.
4. 동물성 생크림과 연유를 섞어 약 50초간 휘핑한 뒤 눈대중으로 ③의 커스터드 크림을 비슷한 양만큼 덜어 함께 섞어주세요.
5. 다이제스트를 대충 부숴서 넣고 한 번 더 섞어주세요.
6. 컵에 작게 썬 바나나와 번갈아가며 담아주세요.

⟨7⟩ **Matcha Milk Shake** °
말차 컵 빙수

우유 빙수에 진한 말차베이스를 부어 미니 빙수를 만들어봤어요.
말차가루만 사용하면 씁쓸한 맛이 너무 강해지니까
일반 녹차파우더 제품과 100% 말차가루를 섞어 사용해주세요.

Ingredient

말차베이스 우유 30ml, 말차파우더(가당) 30g, 말차파우더(무가당) 5g
우유 140ml, 얼음 10~15개, 연유 30ml, 설탕 10g
• 말차베이스는 '투썸 그린티 파우더'와 '나리주카 말차'를 6:1 비율로 배합해 사용했어요.

Recipe

1 우유 30ml를 전자레인지에 넣고 20초간 데운 뒤 말차파우더를 모두 넣고 가루가 뭉치지 않도록 잘 섞어 말차베이스를 만들어줍니다.

    tip 물처럼 흐르는 질감이 아닌, 약간 꾸덕한 정도의 농도여야 해요.

2 믹서에 얼음, 우유, 연유, 설탕을 넣고 30초간 갈아준 뒤 컵에 완성된 밀크셰이크를 부어요.

    tip 액체부터 쪼르르 부은 뒤 살얼음을 위쪽으로 조심조심 쌓아주세요.

3 ①의 말차베이스를 천천히 부어주세요.

performance

말차베이스를 조금씩 부어 밀크셰이크와 잘 섞어 드세요. 시간이 지날수록 말차베이스가 아래로 스며드는데 이 모습이 너무 예뻐요. 바로 이때가 사진 찍을 타이밍! 순간순간 포착하는 재미가 있는 말차컵빙수와 함께 여유로운 티타임을 즐겨보세요.

⟨8⟩ **Baby Apple Latte**°
포근한 아기사과

음료에 사용된 사과는 '알프스오토메'라는 꽃사과인데 일반 사과보다 비타민C가 무려 10배나 더 많다고 해요. 저는 사과청도 이 사과로 만들었어요. 사과청을 담글 때 시나몬스틱 2~3개를 함께 넣어주면 향이 더 풍부해지고 맛도 좋답니다.

Ingredient

사과청 미니 사과 7개, 설탕 80g, 시나몬스틱 2~3개
우유 170ml, 우유 거품 적당량

Recipe

1. 사과는 깨끗이 씻어 씨를 제거하고 껍질째 얇게 슬라이스해주세요.
2. 소독된 유리병에 사과와 설탕을 겹겹이 쌓아주세요. 사과와 설탕의 비율은 1:1을 기본으로 하는데 저는 1:0.8 비율로 설탕을 조금 줄였답니다.
   tip 설탕을 줄이고 올리고당을 5ml 정도 넣어주면 더 풍부하고 조화로운 맛이 나요.
3. 병 안에 시나몬스틱 2개를 넣고 뚜껑을 닫은 채 실온에 하루 정도 숙성시킨 후 냉장 보관해주세요. 여기까지 사과청 완성!
4. 숙성된 사과청 50g을 컵에 담고 차가운 우유를 컵의 1/2까지 부어주세요.
5. 나머지는 우유 거품으로 풍성하게 채워주세요.

⟨9⟩ Ripe Persimmon Smoothie
홍시 스무디

홍시도 달기 때문에 굳이 단맛을 따로 첨가할 필요는 없어요.
홍시와 요거트의 산뜻함 위에 부드러운 크림을 듬뿍 얹어 맛있게 드세요.

Ingredient

홍시 1개(약 140g), 요거트 50ml, 우유 50ml, 설탕 10g, 동물성 생크림 50ml

Recipe

1. 믹서에 홍시 과육, 요거트, 우유, 설탕 5g을 넣고 30초 이상 간 뒤 체에 한 번 걸러주세요.
2. 컵에 ①을 부어주세요.
3. 동물성 생크림과 설탕 5g을 섞어 30초간 휘핑한 뒤 스무디 위에 부어주세요.
4. 홍시 한 숟가락을 조심히 얹어주세요.

performance

크림이 묽으면 마지막에 올린 홍시가 가라앉을 수도 있어요. 조금 되직한 정도로 휘핑해주세요. 대봉감이나 감나뭇가지 등과 함께 장식하면 계절감도 살아나요.

Crush Chocolatte °
부스러기 초코라테

마시는 동안 초콜릿이 녹아 기분 좋은 적당한 단맛을 더해준답니다.
날씨가 추워지고 쓸쓸한 어느 늦가을 아침과 정말 딱 어울리는 음료예요.

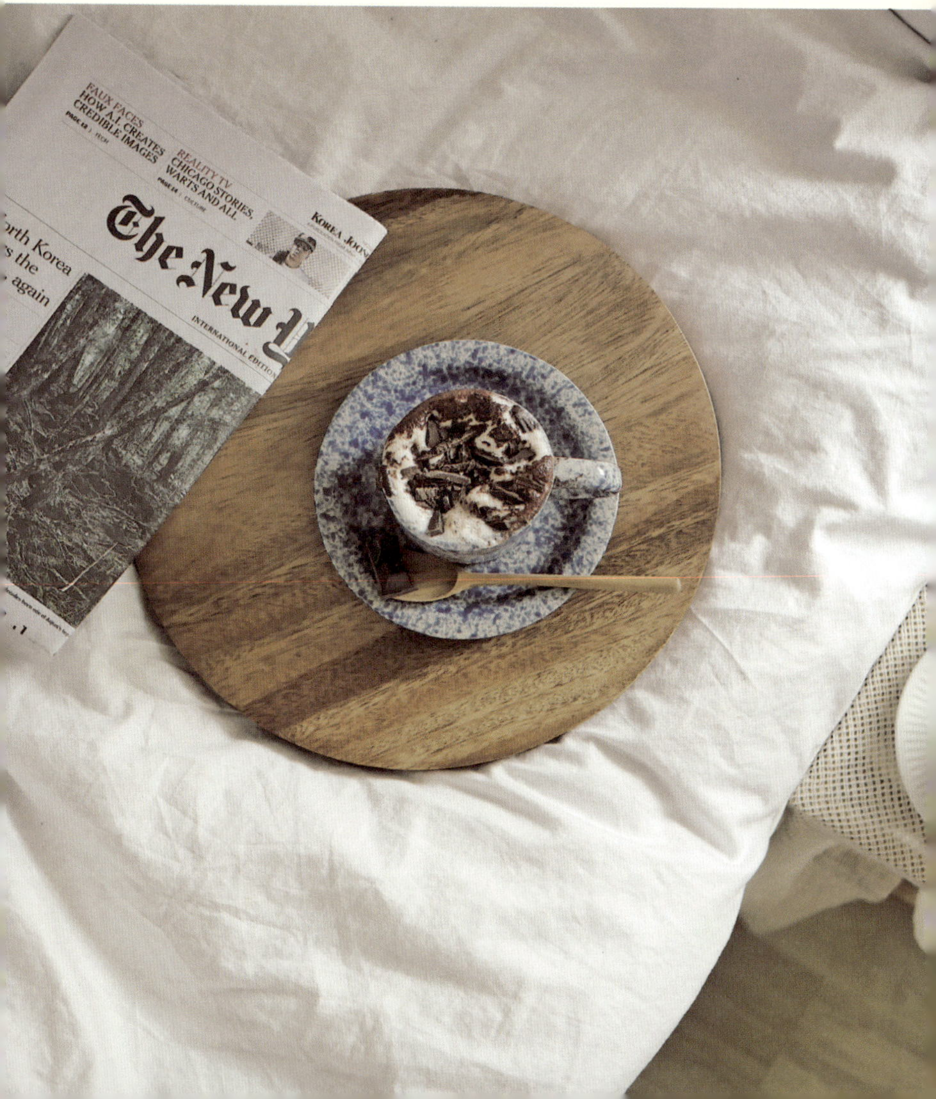

Ingredient

코코아파우더 10g, 우유 180ml, 우유 거품 적당량, 다크 초콜릿·화이트 초콜릿 약간씩

Recipe

1. 다크 초콜릿과 화이트 초콜릿을 잘게 썰어주세요. 화이트 초콜릿은 단맛이 강하니 소량만 준비해주세요.
2. 코코아파우더에 뜨거운 우유를 붓고 가루가 다 녹을 때까지 골고루 저어 코코아베이스를 만들어주세요. 초콜릿을 녹여 먹을 예정이라 단맛은 따로 추가하지 않아요.
3. 컵에 ②의 코코아베이스를 부어주세요.
4. 그 위에 우유 거품을 풍성하게 쌓아주세요.
5. ①의 초콜릿 부스러기들을 흩뿌려주세요.

performance

부스러기 초코라테는 거품이나 초콜릿이 흘러넘치는 모습까지도 매력적인 더티 비주얼 음료입니다. 빈티지한 디자인의 찻잔이나 스푼 등과 함께 매칭하면 더욱 멋스러워요.

⟨11⟩ Calamansi Yogurt with Green Grapes°
칼라만시 청포도 요거트

쌉싸름한 칼라만시청으로 맛을 내고 청포도를 듬뿍 얹어 마무리했어요.
다이어트에도 좋고 맛도 좋고 보기도 좋은 카페 비주얼 요거트 음료입니다.

1 2 3 4

Ingredient

칼라만시청 50ml, 동물성 생크림 40ml, 연유 20ml, 무가당 요거트 300ml, 라임 슬라이스 2조각, 청포도 3~5알, 허브 잎・슈거파우더 약간씩

• 칼라만시청은 '신선도원 갈아 넣은 칼라만시'를 사용했어요.

Recipe

1 칼라만시청을 체에 걸러 원액만 남겨주세요.

2 동물성 생크림과 연유를 섞어 1분간 휘핑해주세요. 단맛을 좋아한다면 이때 연유나 설탕을 더 추가하면 돼요.

3 컵에 ①의 칼라만시청, 요거트, ②의 생크림을 순서대로 천천히 부어주세요.

   tip 맨 위에 라임즙을 살짝 뿌려주면 더 향긋해져요.

4 라임 슬라이스와 청포도, 허브 잎을 살짝 얹어 예쁘게 장식한 뒤 슈거파우더를 솔솔 뿌려주세요.

Fresh Lemonade°
리얼 레모네이드

일반 레모네이드보다 뒷맛이 훨씬 깔끔하고, 톡 쏘는 상큼한 레몬 향이 가득한 신선도 100% 레모네이드입니다. 상큼한 맛을 좋아하는 분들에게 강력 추천합니다.

Ingredient

레몬베이스 레몬 2개, 꿀 30ml, 뉴슈거 2.5g

탄산수 300ml, 레몬 1개, 얼음(大) 1개(or 사각 얼음 10개), 애플민트 약간

Recipe

1. 레몬베이스를 만들어요. 레몬 2개는 반을 잘라 즙을 짠 뒤 체에 한 번 걸러주세요. 여기에 꿀과 뉴슈거를 넣고 섞어주세요.
   tip 뉴슈거를 이용하면 소량으로도 깔끔한 단맛을 낼 수 있어요.
2. 컵에 얼음을 넣고 레몬베이스를 전부 부어주세요.
3. 컵 모서리에 장식용 레몬을 끼우고 탄산수를 콸콸 부어주세요. 세게 부어야 탄산이 많이 생겨 청량감이 배가 돼요.
4. 그 위에 레몬 슬라이스를 뚜껑처럼 덮어주세요.

performance

장식용 레몬 만드는 법이에요. 레몬의 밑부분을 1/3 정도 잘라내요. 큰 조각에는 컵에 끼울 수 있게 칼집을 낸 뒤 꼭지 부분에 젓가락으로 콕 구멍을 뚫어서 애플민트를 꽂아주고, 잘라냈던 1/3조각은 두껍게 슬라이스해주세요.

⟨13⟩ **Mint Lime Mojito** °
몰디브 에이드

모히토가 먹고 싶은데 애플민트가 없어 고민하다 민트시럽으로
대체해봤는데 색감, 맛이 너무나 환상적이었어요.
민트시럽에 100% 라임즙을 섞었더니 영롱한 에머랄드 빛이 나네요.

Ingredient

라임베이스 라임 2개, 올리고당 30ml
민트시럽 20ml, 얼음 15개, 탄산수 200ml, 타임 약간

Recipe

1. 라임 1개와 1/2개는 즙을 낸 뒤 올리고당을 넣고 섞어서 라임베이스를 만들어요. 남은 1/2개는 슬라이스 형태로 잘라주세요.
2. 컵에 얼음을 넣고 민트시럽을 부어주세요.
3. 그 위에 ①의 라임베이스를 모두 부어주세요.
   tip 이때 민트시럽과 라임베이스를 일부러 섞으면 안 돼요. 자연스러운 그라데이션이 있어야 예쁜 에메랄드 빛이 나요.
4. 라임 슬라이스 3조각을 얼음 위에 얹어주세요.
5. 기포가 많이 생기도록 탄산수를 콸콸 붓고, 타임을 얹어주세요.

 # Mango Sorbet Soda °

소소한 망고

냉동 망고로 만든 망고 '소'르베 '소'다입니다.
'소소한 망고'라고 이름을 붙여 봤어요.
망고 아이스크림을 한 스쿱 얹어 비주얼과 맛까지 잡았답니다.

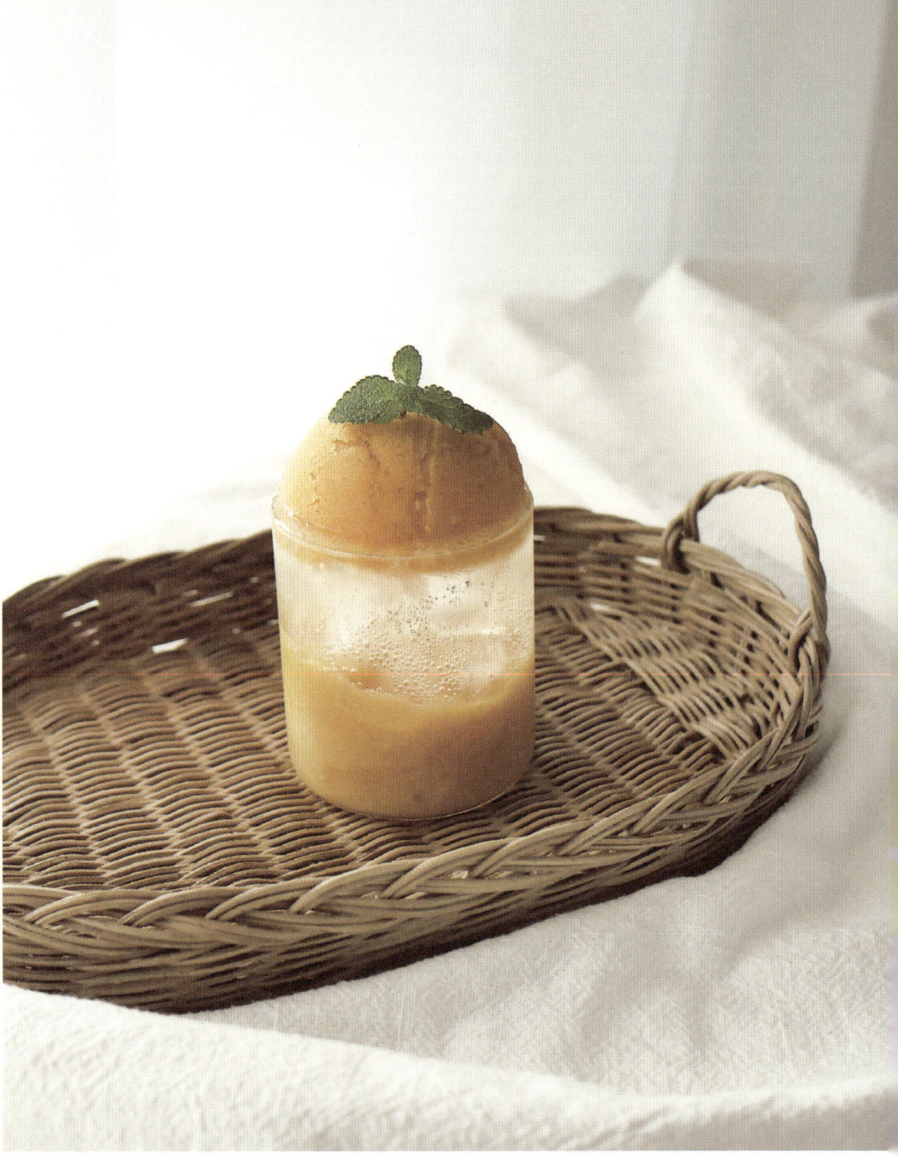

drink tip
스푼으로 소르베를 떠먹고 난 후 탄산수와 망고 퓨레를 함께 섞어 드시면 망고의 진하고 달달한 맛과 함께 청량감을 느낄 수 있어요.

Ingredient

냉동 망고 170g, 물 10ml, 설탕 15g, 얼음 10개, 탄산수 150ml, 망고 아이스크림 1스쿱, 애플민트 약간
* 아이스크림은 '이마트 노브랜드 망고 소르베'를 사용했어요.

Recipe

1 망고 퓨레를 만들어요. 믹서에 냉동 망고 120g, 물, 설탕을 넣고 충분히 갈아주세요.
2 컵에 남은 냉동 망고를 넣어요. 음료를 마시면서 중간 중간 씹히는 식감을 준답니다.
3 여기에 ①의 망고 퓨레를 붓고 얼음을 가득 얹어주세요.
   tip 컵 크기에 따라 얼음 개수를 조절하세요. 얼음이 컵 입구를 넘어가면 아이스크림이 무너질 수 있으니 컵 입구 아래로 얼음을 채워줘야 해요.
4 탄산수를 부어요. 탄산수의 양은 컵 사이즈에 따라 조절하세요. 컵 입구로부터 약 0.5cm 정도 남겨두고 부어주세요.
5 망고 아이스크림을 한 스쿱 얹고 애플민트로 예쁘게 장식해주세요.

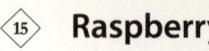

15 Raspberry Ade

라즈베리 에이드

빨간 색감이 영롱하고 예뻐요. 냉동 라즈베리는 상큼한 맛이 강하기 때문에 취향에 따라 단맛을 더 추가해도 좋아요.

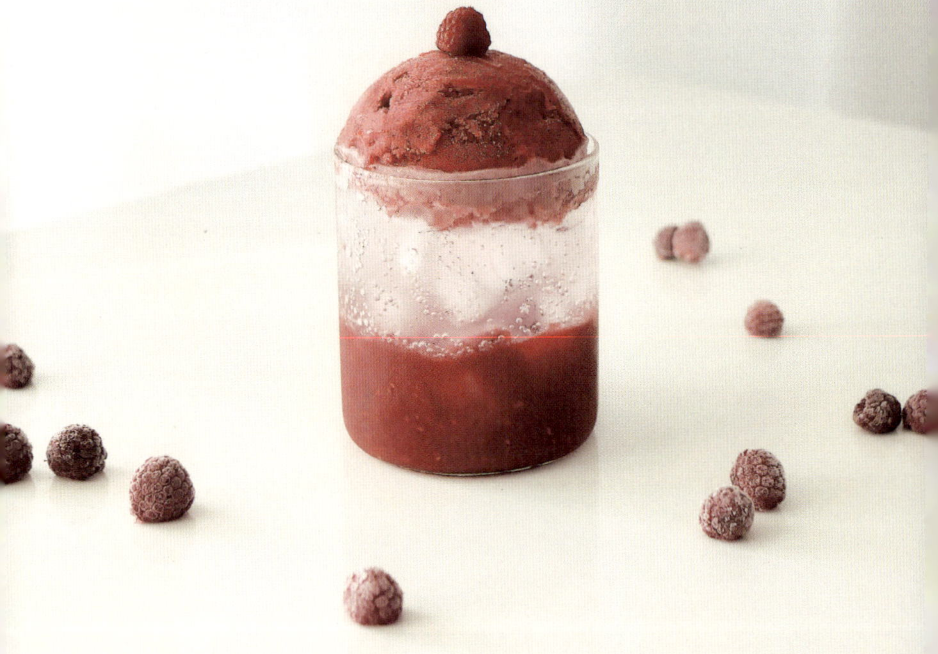

Ingredient

냉동 라즈베리 60g, 설탕 30g, 물 25ml, 얼음 16개, 탄산수 120ml, 라즈베리 아이스크림 1스쿱

* 아이스크림은 '하겐다즈 라즈베리 소르베'를 사용했어요.

Recipe

1. 라즈베리 퓨레를 만들어요. 믹서에 라즈베리와 설탕, 물을 넣고 30초 이상 갈아주세요. 취향에 따라 설탕으로 단맛을 조절해주세요.

2. 컵에 ①의 라즈베리 퓨레를 붓고 얼음을 가득 담아주세요. 얼음이 컵 입구를 넘어가면 아이스크림이 무너질 수 있으니 컵 입구 아래까지만 얼음을 채워줘야 해요.

3. 탄산수를 컵 입구로부터 약 0.5cm 정도 여분을 남겨두고 부어주세요.

4. 라즈베리 아이스크림을 한 스쿱 얹고, 라즈베리 한 알을 맨 위에 얹어주세요.

Passion Fruit Ade
패션프루트 에이드

톡톡 터지는 씨앗의 식감과 상큼한 맛이 매력적인 패션프루트(백향과)로 만든 에이드예요. 레몬과 망고를 함께 넣어주면 상큼함이 배가 돼요.

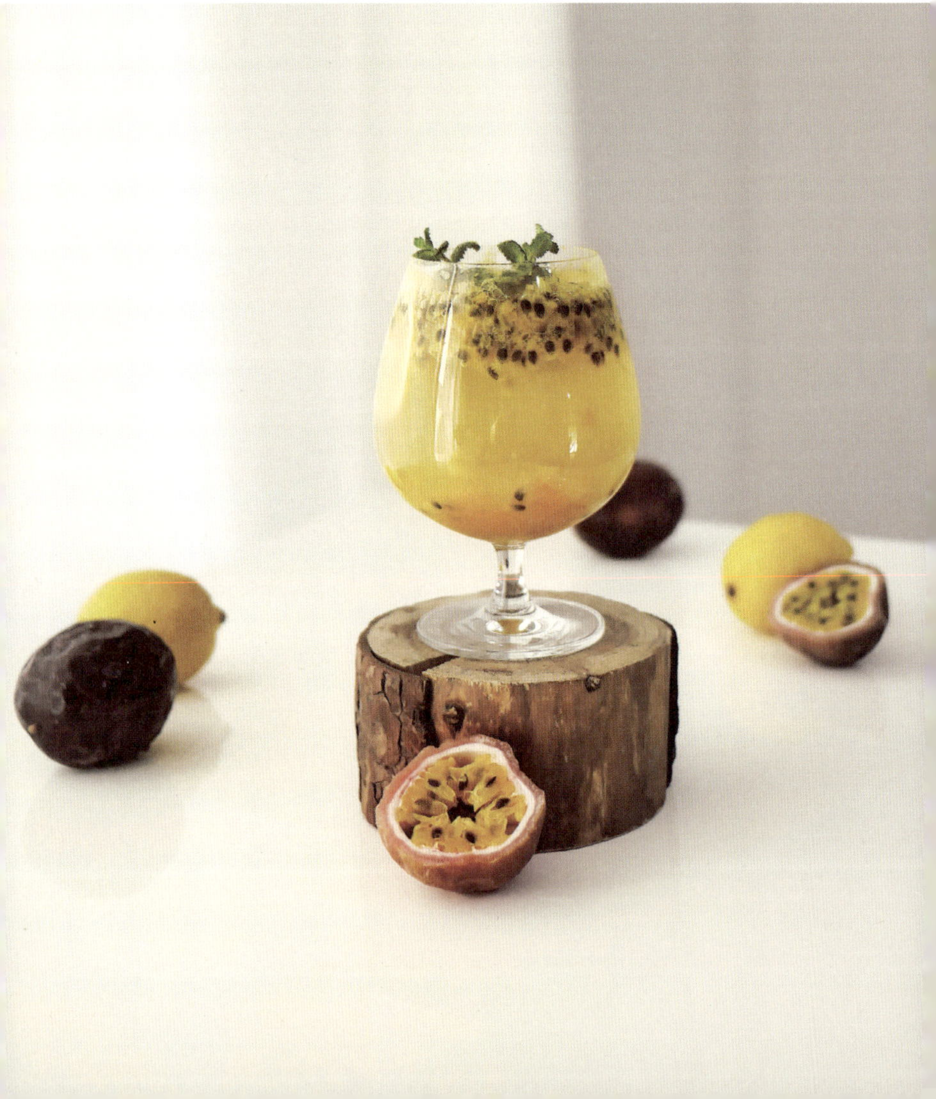

Ingredient

냉동 패션프루트 3개, 망고 30g, 골든코코넛 20g, 올리고당 60ml, 탄산수 325ml, 얼음 6개, 레몬 슬라이스 3조각, 애플민트 약간

Recipe

1 패션프루트를 반으로 자르고 숟가락으로 과육을 파주세요.
2 컵에 패션프루트 과육을 담고 잘게 썬 망고와 골든코코넛을 넣어주세요.
3 올리고당을 넣고 잘 섞어주세요. 단맛은 기호에 따라 조절하세요.
   tip 패션프루트 통조림을 사용하면 자연스럽게 어울리는 단맛을 낼 수 있어요.
4 ③을 새 컵에 옮겨 담은 뒤 얼음과 레몬 슬라이스를 넣어주세요.
5 탄산수를 콸콸 붓고 애플민트를 얹어주세요.

Blueberry Yogurt Smoothie

블루베리 요거트 스무디

진한 블루베리 스무디를 맨 아래 깔고 무가당 요거트와
생 블루베리를 얹어 블루베리를 원 없이 맛볼 수 있게 했어요.

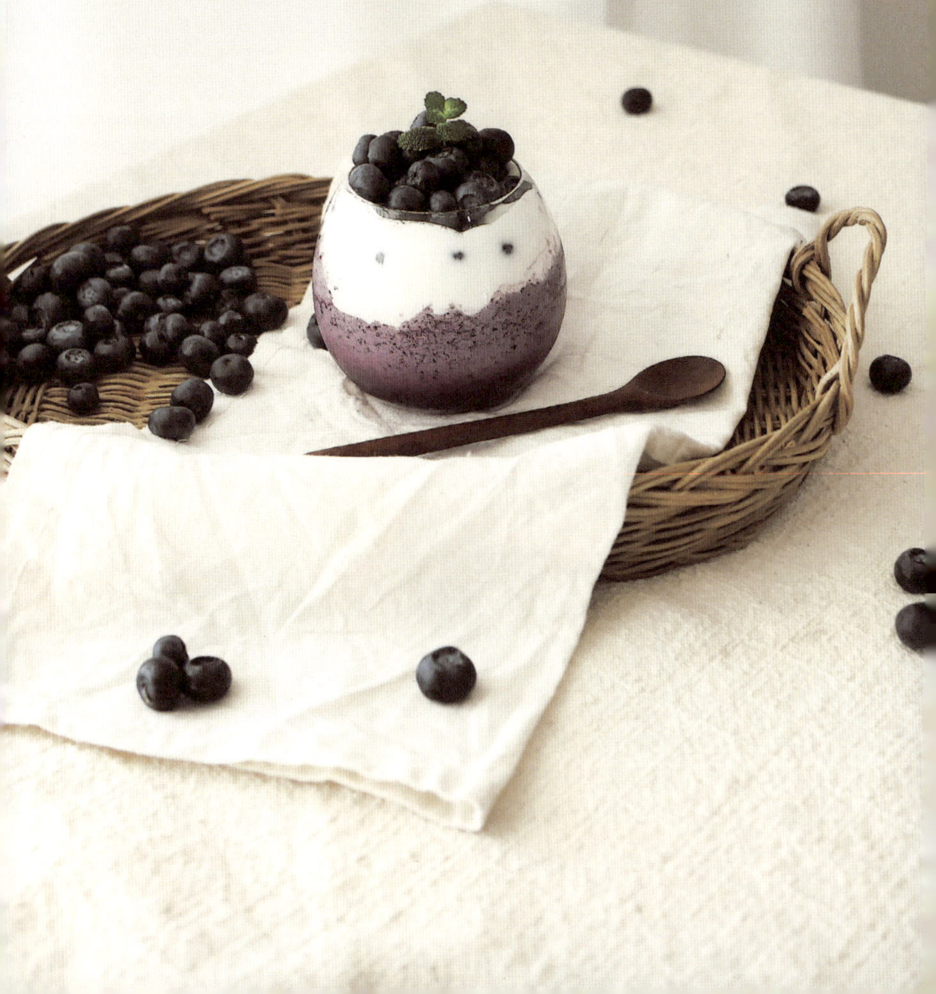

Ingredient

블루베리 100g, 무가당 요거트 130ml, 우유 40ml, 꿀 10ml, 애플민트 약간

Recipe

1. 블루베리 스무디를 만들어요. 믹서에 블루베리, 요거트 30ml, 우유, 꿀을 넣고 30초 이상 갈아주세요. 냉동 블루베리 사용 시 우유나 요거트를 조금 더 넣어도 돼요.
2. ①을 컵에 옮겨주세요.
3. 요거트 100ml를 부어주세요. 취향에 따라 꿀을 조금 뿌려도 좋아요.
4. 블루베리를 듬뿍 얹은 뒤 애플민트로 장식해주세요.

Tocory Juice °
토커리 주스

착즙기 없이도 진한 토마토 본연의 맛을 느낄 수 있고,
토마토를 큼직하게 썰어 넣어 기분 좋은 식감과 함께 신선함까지 느껴진답니다.

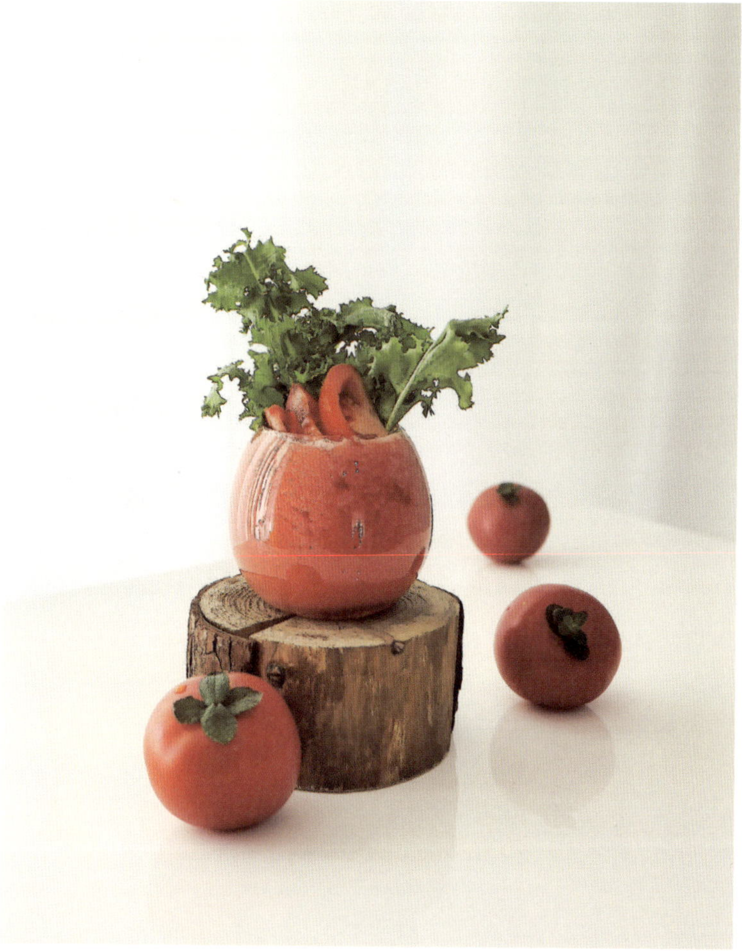

Ingredient

토마토 3½개, 소금 약간, 치커리 잎 1줌, 설탕 10ml(or 꿀 10ml)

Recipe

1. 토마토 3개를 깨끗이 씻어 꼭지를 제거한 뒤 뒷부분에 십자모양으로 칼집을 내주세요. 끓는 물에 소금을 넣고 칼집이 위로 오게 토마토를 넣은 뒤 15초 뒤에 바로 건져 차가운 물로 씻어주세요.

   tip 데친 토마토를 갈아주면 색이 훨씬 진하고 예뻐요.

2. 토마토 껍질을 벗긴 뒤 설탕과 함께 믹서기에 넣고 30초간 갈아주세요. 믹서에 간 토마토는 체에 2번 정도 걸러주세요.

3. 컵에 치커리를 꽂아주세요.

4. ②의 토마토 주스를 붓고 토마토 1/2개를 큼직하게 썰어 꽂아주세요.

drink tip

토마토 주스에 치커리를 넣으면 마시는 내내 신선한 향이 코끝을 맴돌아요. 큼직하게 썬 토마토 위로 꿀을 조금 뿌려도 맛있어요. 저는 치커리를 샐러드처럼 생으로 먹곤 하는데 싫어하시는 분은 빼고 주스 만드세요.

⟨19⟩ Green Grape Soda °

홈메이드 코코팜

제가 좋아하는 캔 음료 중 하나가 '코코팜'이에요.
그래서 청포도와 코코넛으로 직접 홈메이드 코코팜을 만들어봤어요.
시중에 파는 청포도청을 사용하면 쉽고 빠르게 청포도 음료를 즐길 수 있어요.

performance

청포도청이 쨍한 연두빛이 아니기 때문에 생 청포도알을 넣어줘야 사진이 예뻐요. 청포도를 먼저 넣고 얼음으로 청포도를 눌러주면 탄산수를 부었을 때도 층이 분리되어 예쁘답니다. 얼음을 얼릴 때 애플민트를 넣고 얼리면 투명한 탄산수 안으로 비치는 초록빛이 영롱해요.

Ingredient

청포도청 65ml, 골든코코넛 30g, 청포도 10알, 얼음 6개, 탄산수 300ml, 애플민트 약간
• 청포도청은 '신선도원 갈아 넣은 청포도', 코코넛은 '골든코코넛' 병조림을 사용했어요.

Recipe

1 컵에 청포도청을 부어주세요.
2 청포도를 모두 넣고 그 위에 잘게 썬 골든코코넛과 얼음을 부어주세요.
3 탄산수를 콸콸 부어주세요.
4 애플민트를 얹어 예쁘게 장식해주세요.

tip 상큼한 맛을 더하려면 레몬즙을 조금 뿌려주세요.

Sweet Potato Au Lait
고구마 오레

고구마 한 개를 그대로 마시는 기분이 들어요.
저는 일반 고구마를 썼지만, 군고구마를 이용하면 맛이 더 풍부해질 것 같아요.

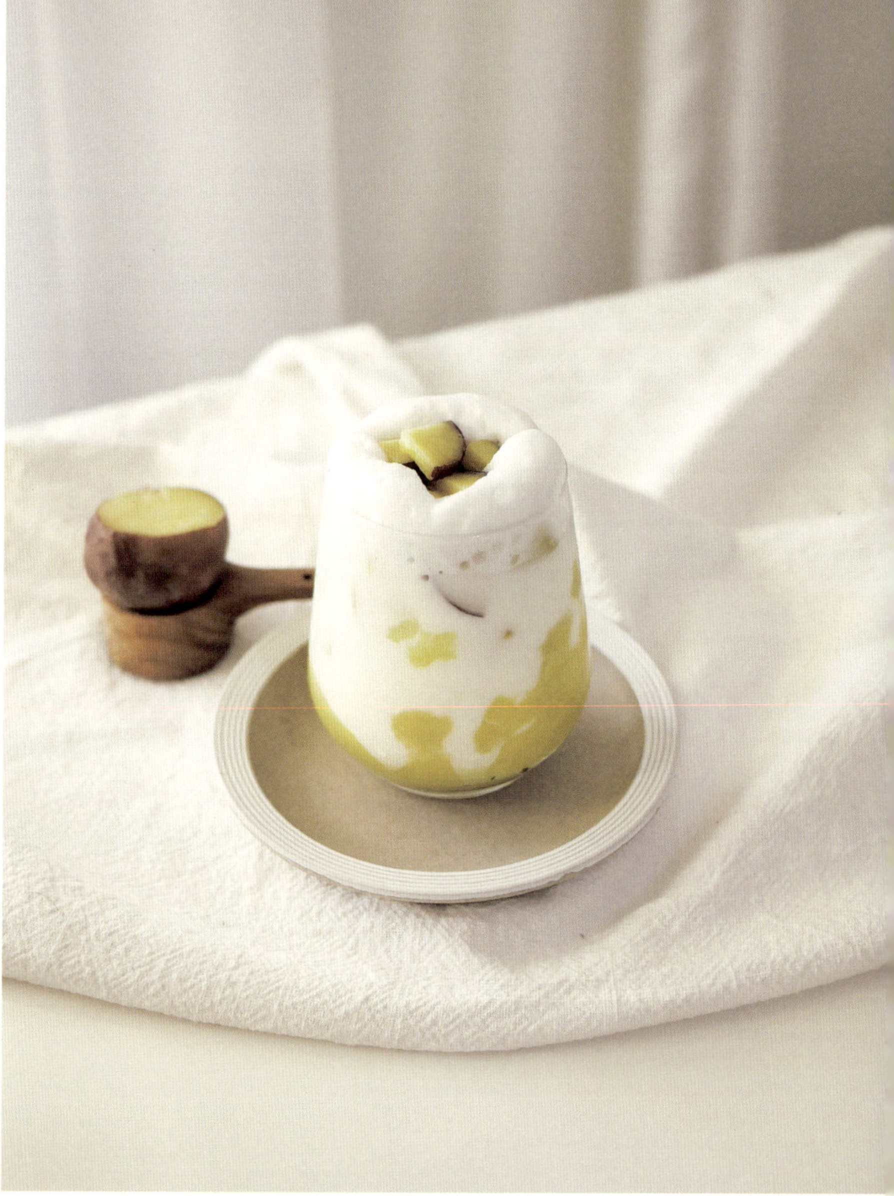

Ingredient

삶은 고구마 1개(약 70g), 메이플시럽 15ml, 우유 180ml, 얼음 12개

Recipe

1 삶은 고구마의 1/3은 토핑용으로 작게 잘라주세요.
2 고구마 무스를 만들어요. 삶은 고구마 2/3개, 메이플시럽, 우유 20ml를 잘 섞어주세요. 고구마 당도에 따라 시럽의 양을 조절해주세요.
3 컵에 얼음을 넣고 ②의 고구마 무스를 모두 부어주세요.
4 우유 140ml를 천천히 부어주세요.
5 남은 우유로 거품을 만들어 풍성하게 쌓아준 뒤 토핑용 고구마를 얹어주세요.

performance

고구마의 무게 때문에 가운데 거품이 푹 꺼질 수 있으니 최대한 얇게 썰어주세요. 나무 소재의 소품과 매치하면 따뜻한 감성의 사진을 찍을 수 있답니다. 맨 아래층 무스는 스푼으로 잘 저어드세요.

21 Matcha Ball Latte °

말차볼 라테

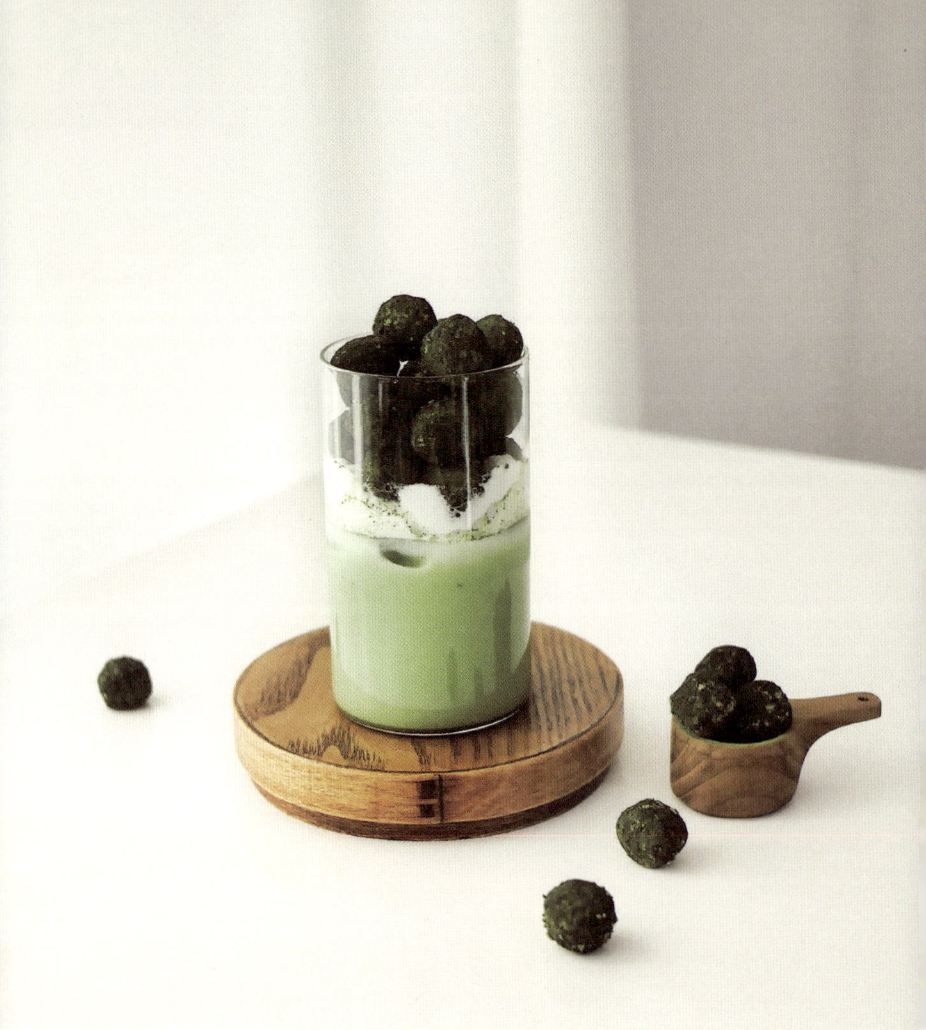

고소한 인절미와 말차파우더의 맛이 어우러진
디저트가 따로 필요 없는 고소한 한 컵 음료예요.

Ingredient

말차파우더 25g, 우유 230ml, 얼음 5개, 우유 거품 적당량, 인절미 과자 1/2봉지
* 말차파우더는 일본산 '모리한 리치' 제품을 사용했어요.

Recipe

1. 말차파우더에 우유를 넣고 잘 섞어주세요. 가루가 잘 녹지 않으면 우유를 전자레인지에 약 20초 정도 데운 뒤 섞어주세요.
2. 컵에 얼음을 넣고 ①을 모두 부어주세요.
3. 우유 거품을 두툼하게 올려주세요. 저는 5스푼 정도 올렸답니다.
4. 비닐봉지에 인절미 과자와 말차파우더를 넣고 흔들면 과자에 말차파우더가 골고루 묻어 말차볼이 돼요. 우유 거품 위에 말차볼을 듬뿍 얹어주세요.

performance

말차볼이 우유 거품을 빨리 흡수해 버리기 때문에 우유 거품은 최대한 많이 얹는 게 좋아요. 우유 거품이 사라지기 전에 빠르게 한 컷 찍어주세요.

Misutgaru Cream Latte
미숫페너

미숫가루를 생크림과 함께 마시면 더 고소하고 부드럽게 넘어간답니다.
단맛을 흑설탕으로 내서 과하지 않은 깊은 맛이 나요.

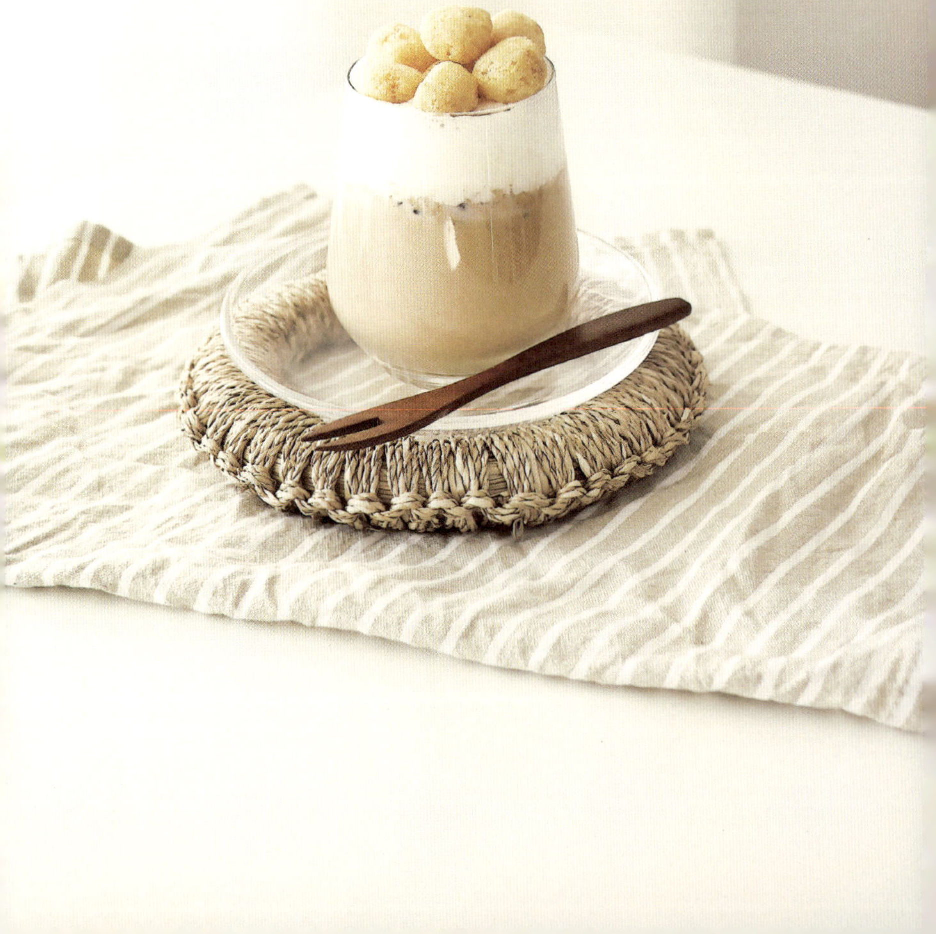

Ingredient

미숫가루 60g, 흑설탕 20g, 우유 250ml, 얼음 5개, 동물성 생크림 60ml, 올리고당 10ml, 인절미 과자 약간

Recipe

1. 미숫가루와 흑설탕을 골고루 섞어주세요.
2. 전자레인지에 우유를 30초간 데운 뒤 ①에 붓고 가루가 뭉치지 않도록 잘 섞어주세요.
3. 컵에 ②를 옮겨 담고 얼음을 넣어주세요.
4. 동물성 생크림과 올리고당을 섞어 30초간 휘핑한 뒤 미숫가루 위에 붓고, 인절미 과자나 콩가루, 미숫가루로 멋스럽게 꾸며주세요.

Mugwort Latte with Cacao Cream °
초코나무 쑥

달콤 쌉싸래한 초콜릿 크림과 쑥의 조화가 환상적이에요. 쑥차베이스에
우유와 초콜릿 크림을 층층이 부어 마시면 세 가지 맛이 차례로 느껴지지요.

performance
시나몬스틱은 나뭇가지, 데코용으로 얹은 쑥 잎은 나뭇잎을 상징해요. 나무를 묘사한 음료이기 때문에 우드 종류의 소품과 함께 장식하면 분위기 있게, 더 예쁘게 찍을 수 있어요.

Ingredient
쑥차가루 36g, 물 35ml, 얼음 12개, 우유 140ml, 동물성 생크림 50ml, 연유 20ml, 코코아파우더 5g, 시나몬스틱・쑥 잎 약간씩
* 쑥차가루는 가루 형태의 '고향쑥차' 제품을 사용했어요.

Recipe
1 쑥차베이스를 만들어요. 쑥차가루에 뜨거운 물을 부어 가루가 다 녹을 때까지 저어주세요. 우유와 함께 섞을 재료니까 꾸덕꾸덕해도 괜찮아요.
2 컵에 얼음을 넣고 쑥차베이스를 모두 부어주세요.
3 우유를 천천히 부어 층을 만들어주세요.
4 초콜릿 크림을 만들어요. 동물성 생크림과 연유를 섞고 40초간 휘핑한 뒤 코코아파우더를 넣어 20초만 더 휘핑해주세요.
5 우유 위로 초콜릿 크림을 천천히 부어주세요.
6 코코아파우더를 솔솔 뿌린 뒤 시나몬스틱과 쑥 잎으로 예쁘게 꾸며주세요.

⟨24⟩ Meringue Ccino °
머랭치노

고소하고 쌉쏠한 카푸치노 거품 위에 달달한 머랭을 올려요.
머랭을 우유 거품에 녹이면 커피가 달달해지고,
따로따로 먹으면 디저트가 필요 없어요.

performance

저는 큰 머랭 1개를 올려 장식했는데 작은 머랭을 여러 개 얹어도 예뻐요. 몽글몽글한 비주얼을 원한다면 우유 거품을 최대한 높이 쌓아 주세요.

Ingredient

에스프레소 40ml, 우유 140ml, 우유 거품 적당량, 시나몬파우더 약간, 머랭 2~3개

Recipe

1 컵에 에스프레소를 부어주세요.
2 우유를 스팀으로 데운 뒤 커피 위에 부어주세요. 가정용 머신이 없는 경우 우유를 전자레인지에 살짝 데운 뒤 우유 거품기에 돌려주세요. 우유가 따뜻할수록 거품이 더 잘나요.
3 우유 거품을 풍성하게 쌓아 올려주세요.
4 머랭을 올리고 시나몬파우더를 뿌려주세요.

Coco Lemon Forest
코코레몬 숲

'코코'는 코코넛 알맹이가 들어가기 때문에 붙인 이름이고 전체적인 베이스는 상큼한 레몬맛이 나는 사과주스랍니다. 특히 타임과 잘 어울려요.

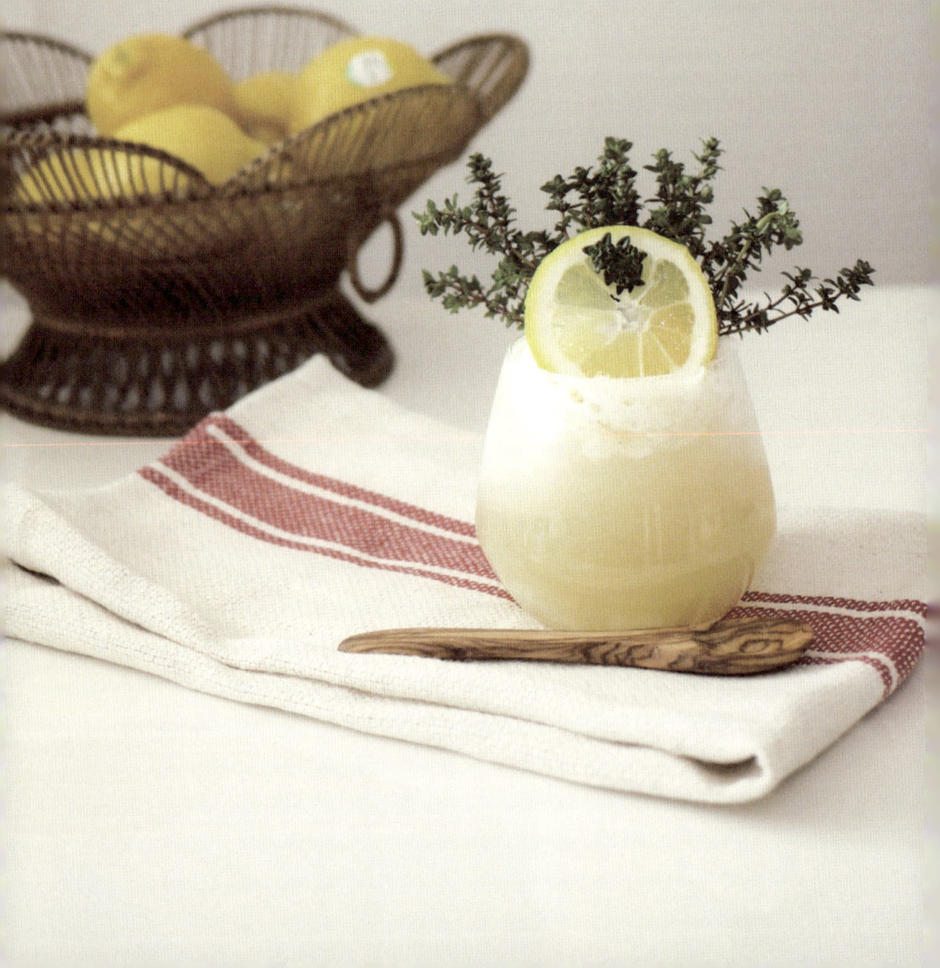

Ingredient

레몬 1개, 사과주스 200ml, 얼음 10개, 메이플시럽 5~10ml, 코코넛 알맹이 60g, 타임 약간

* 사과주스는 '남양 과수원 사과' 또는 '매일 피크닉 사과주스'를 사용했어요.

Recipe

1. 레몬베이스를 만들어요. 레몬을 반으로 잘라 2조각 슬라이스하고 나머지는 레몬즙(약 40ml)을 짠 뒤 메이플시럽을 넣고 섞어주세요.

    tip 저는 단맛을 별로 좋아하지 않아 메이플시럽을 5ml만 넣었더니 레몬의 새콤한 맛이 많이 강했어요. 취향에 따라 10ml 정도로 넣어주세요.

2. 컵에 레몬 슬라이스 1개를 넣고 레몬베이스를 부어요.
3. 코코넛 알맹이를 넣어주세요.
4. 사과주스와 얼음을 믹서에 약 20초간 갈아 살얼음이 살짝 씹힐 정도의 슬러시 형태로 준비한 뒤 부어주세요. 액체를 먼저 붓고 스푼으로 살얼음을 덜어서 얹어주세요.
5. 레몬 슬라이스 조각을 얹고 타임으로 장식해주세요.

Half & Half Ade °

하프앤하프 에이드

두 가지 맛이 공존하는 아주 매력적인 색감의 에이드입니다. 레몬베이스가 들어가 새콤달콤한데 이 맛이 히비스커스의 향긋한 향과 정말 잘 어우러져요.

performance
냉침한 히비스커스 티를 부을 때 퍼지는 붉은 빛이 예술이에요. 작은 에스프레소 잔에 히비스커스 티를 따로 담아 손님에게 드려도 좋을 것 같아요. 직접 부으면서 찰나의 순간을 포착할 수 있게요.

Ingredient

히비스커스 티백 2개, 물 50ml, 레몬 1개, 꿀 45ml, 탄산수 200ml, 얼음 10개, 허브 잎 약간

Recipe

1 찬물에 히비스커스 티백 2개를 담가 냉장고에 최소 12시간 이상 둡니다.
   tip 두 번에 나눠 사용할 수 있는 양이에요.
2 레몬베이스를 만들어요. 레몬을 반으로 잘라 슬라이스 1조각을 잘라두고, 나머지는 즙을 짠 뒤 꿀을 넣고 잘 섞어주세요.
3 컵에 얼음을 넣고 레몬 슬라이스를 컵 옆면에 비스듬히 기대주세요.
4 ②의 레몬베이스를 모두 붓고 레몬 슬라이스 위에 허브 잎을 얹어주세요. 저는 타임과 애플민트를 섞었답니다.
5 탄산수를 콸콸 부어주세요.
6 냉침해두었던 히비스커스 티 20ml를 천천히 부어주세요.

#Weekend #Home Party

#Lovelyday #Date

27 Expressive Cocoa
다중인격 코코아

씁쓸한 초콜릿과 달콤한 마시멜로는 정말 탁월한 선택!
마시멜로를 듬뿍 얹으면 눈사람이 떠올라 겨울마다 생각나는 메뉴예요.

Ingredient

코코아파우더 25g, 흑설탕 10~20g, 우유 150ml, 우유 거품 적당량, 초코펜 1개, 마시멜로 4~5개

Recipe

1. 초코펜으로 마시멜로에 다양한 표정을 그려주세요.
2. 코코아파우더, 흑설탕, 따뜻한 우유를 섞어 가루가 뭉치지 않도록 잘 저어주세요.

   tip 마시멜로가 올라가기 때문에 단 게 싫다면 흑설탕은 10g만 넣어주세요.
3. 컵에 ②를 부어주세요.
4. 우유 거품을 풍성하게 올려주세요.
5. 코코아파우더를 뿌리고 마시멜로를 듬뿍 얹어주세요.

Banana Shake Latte
단지 샷 우유

바나나우유가 에스프레소랑 은근히 잘 어울려요. 우유와 얼음을 함께 갈아 슬러시처럼 만들면 에스프레소를 부어도 층이 나눠져 고급스러워요.

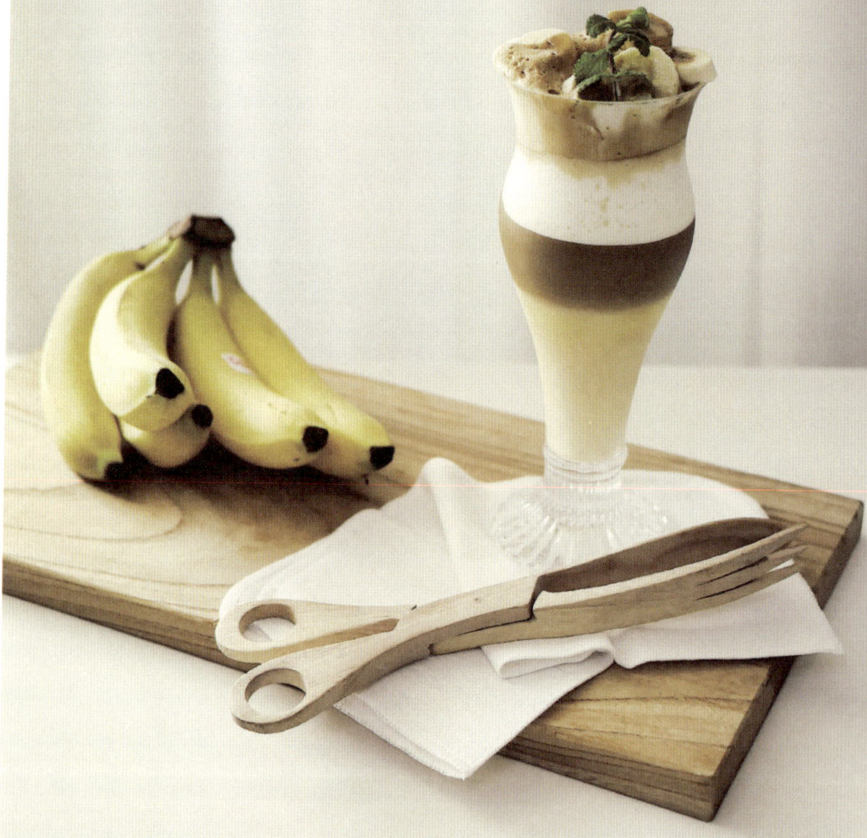

Ingredient

바나나우유 1개(240ml), 에스프레소 30ml, 얼음 15개, 바나나 1/2개, 애플민트 약간
• 바나나우유는 빙그레 '바나나맛 우유'를 사용했어요.

Recipe

1. 바나나우유 1개와 얼음을 함께 갈아 슬러시 형태로 만들어주세요.
   tip 딸기우유나 초코우유 등 원하는 맛의 우유로 응용해보세요.
2. 큰 컵에 ①을 전부 부어주세요.
3. 바나나를 얇게 잘라 얹어주세요.
4. 진하게 내린 에스프레소를 천천히 붓고 애플민트로 장식해주세요.

29

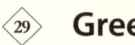

Greenery Latte °

그리너리 라테

말차 마니아를 위한 특제 음료입니다. 위에 말차크림,
말차 아이스크림까지 얹어 음료 전체가 초록빛이 나요.

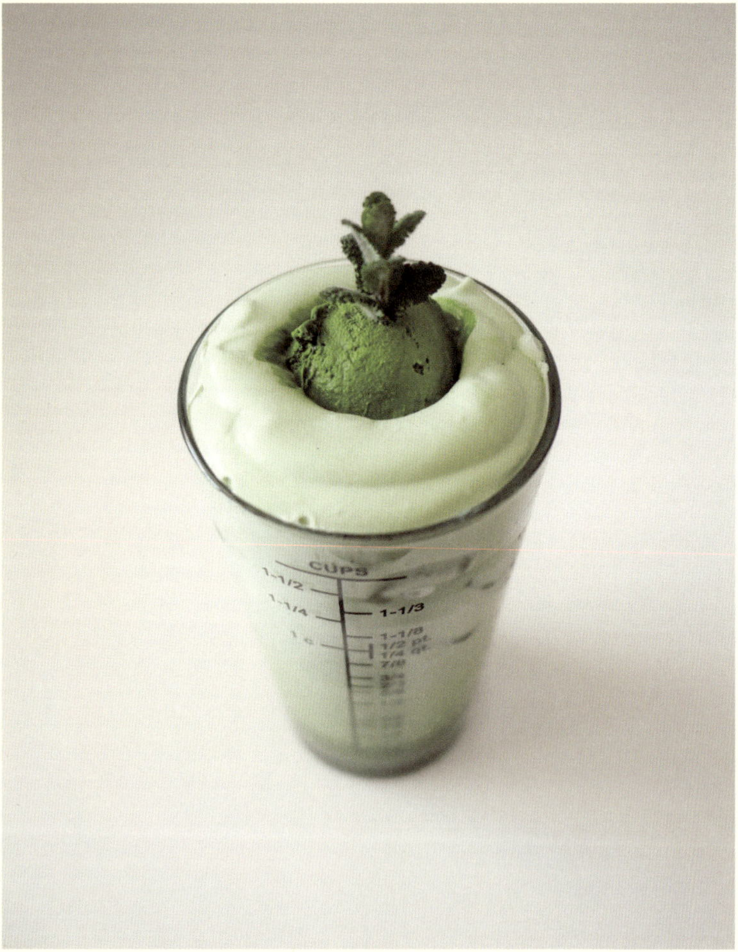

Ingredient

말차파우더(가당) 25g, 말차파우더(무가당) 3g, 우유 180ml, 얼음 12개, 동물성 생크림 50ml, 설탕 5g, 말차 아이스크림 1스쿱, 애플민트 약간

* 말차 아이스크림은 '댈리스 그린티 아이스크림'을 사용했어요.

Recipe

1 말차파우더(가당)에 우유 50ml를 넣고 잘 섞어 말차베이스를 만들어주세요.
2 컵에 얼음을 넣고 말차베이스를 모두 부어주세요.
3 얼음 위로 남은 우유를 천천히 부어주세요.
4 동물성 생크림, 말차파우더(무가당), 설탕을 섞어 30~40초 정도 휘핑한 뒤 음료 위에 얹어주세요.
   tip 아이스크림을 얹어야 하니 크림에 점도가 있도록 휘핑해주세요.
5 아이스크림을 얹고 애플민트로 장식해주세요.

⟨30⟩ **Misutgaru Mugwort Ice Cream**
미쑥이

쑥 아이스크림을 미숫가루 위에 얹었어요. 먹다 보면 아이스크림이 녹으면서 미숫가루와 섞이는데 이때 맛이 따로 놀지 않고 잘 어우러지더라고요.

Ingredient

바닐라 아이스크림 1스쿱, 쑥가루 6g, 미숫가루 25g, 흑설탕 17g, 물 40ml, 우유 140ml, 얼음 10개, 우유 거품 적당량
* 쑥가루는 '두손애약초' 제품을 사용했어요.

Recipe

1 바닐라 아이스크림에 쑥가루를 넣고 잘 섞은 뒤 살짝 녹은 쑥 아이스크림을 스쿱 안에 채워 약 15분간 다시 얼려주세요.
2 미숫가루와 흑설탕에 뜨거운 물을 넣고 잘 녹여주세요.
3 여기에 차가운 우유를 붓고 다시 잘 섞어주세요.
4 빈 컵에 얼음을 넣고 ③을 부어주세요.
5 우유 거품을 가득 얹어주세요.
6 얼려두었던 쑥 아이스크림을 얹어주세요.

31

Milk Tea Latte

밀크티 라테

밀크티 맛이 나는 아이스크림을 토핑으로 얹었는데
아이스크림이 녹으면 음료의 맛이 더 깊어진답니다.

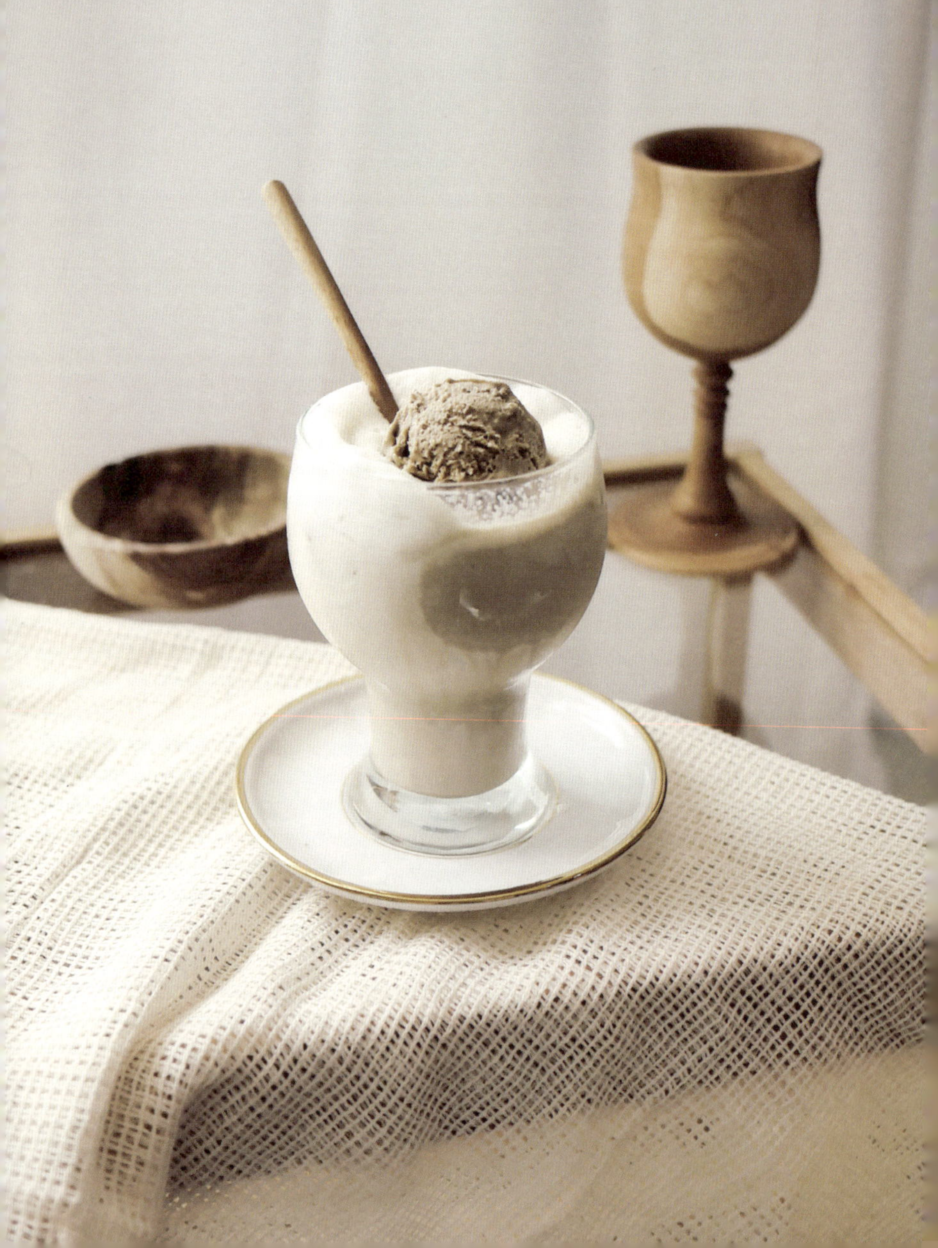

Ingredient

얼그레이 티백 2개, 우유 150ml, 연유 10ml, 얼음 6개, 우유 거품 적당량, 밀크티 아이스크림 1스쿱

• 밀크티 아이스크림은 '하겐다즈 밀크티 아이스크림'을 사용했어요.

Recipe

1. 컵에 얼그레이 티백과 뜨거운 우유 50ml, 연유를 넣고 스푼으로 잘 녹이면서 섞어주세요. 약 5분 정도 우려낸 뒤 티백을 제거해주세요.
2. 얼음을 넣고 차가운 우유 100ml를 부어주세요.
3. 우유 거품을 듬뿍 얹어주세요.
4. 밀크티 아이스크림을 얹어주세요.

Orange Helmet °

오렌지 헬멧

오렌지 1개가 통째로 들어갔어요.
청량한 탄산수와 오렌지 과육이 섞여서 입 안을 가득 채운답니다.

Ingredient

오렌지 1개, 꿀 30ml, 레몬즙 15ml, 얼음 8개, 로즈메리 약간, 탄산수 170ml

Recipe

1 컵 입구와 오렌지의 사이즈를 맞춰 뚜껑 부분을 잘라낸 뒤 오렌지 가운데를 젓가락으로 뚫어서 빨대 구멍을 만들어주세요. 데코용 슬라이스를 제외한 나머지 오렌지는 과육을 분리해주세요. 깔끔한 맛을 위해 속껍질도 전부 제거해주세요.

2 오렌지 과육에 꿀과 레몬즙을 넣고 잘 섞어 오렌지베이스를 만들어주세요.

3 컵에 얼음을 넣고 오렌지베이스를 모두 부어주세요.

4 오렌지 슬라이스와 로즈메리를 넣어주세요.

5 탄산수를 콸콸 부은 뒤 오렌지 헬멧을 씌우고 빨대를 꽂아주세요.

⟨33⟩ **Cherry Choco Milk °**
체 리 초 코 우 유

체리와 초콜릿이 의외로 잘 어울려 묘한 맛이 나요.
체리 과육이 기존 초콜릿 음료와는 다른 고급스러움을 선사한답니다.

Ingredient

체리 8개, 꿀 15ml, 코코아파우더 25g, 흑설탕 10g, 우유 150ml, 얼음 10개, 초콜릿 아이스크림 1스쿱, 로즈메리 약간

Recipe

1 데코용 체리 1개만 남겨두고 체리 2개는 잘게 썰어주세요. 나머지 체리는 즙을 짜서 꿀과 섞어 체리베이스를 만들어주세요.

2 코코아파우더와 흑설탕, 우유를 잘 섞어 초콜릿베이스를 만들어주세요.

3 컵에 얼음으로 2/3 정도 채워주세요. 각얼음보다는 큰 얼음을 부숴서 잘게 만들어 넣으면 더 좋아요.

4 ①의 체리베이스를 붓고 체리 조각을 넣어주세요.

5 ②의 초콜릿베이스를 붓고 초콜릿 아이스크림을 얹은 뒤 취향대로 장식해주세요.

34

Mugwort Vienna

쑥 비엔나

진하고 고소한 쑥 우유에 달콤한 생크림을 얹었어요.
남녀노소 맛있게 즐길 수 있는 메뉴랍니다.

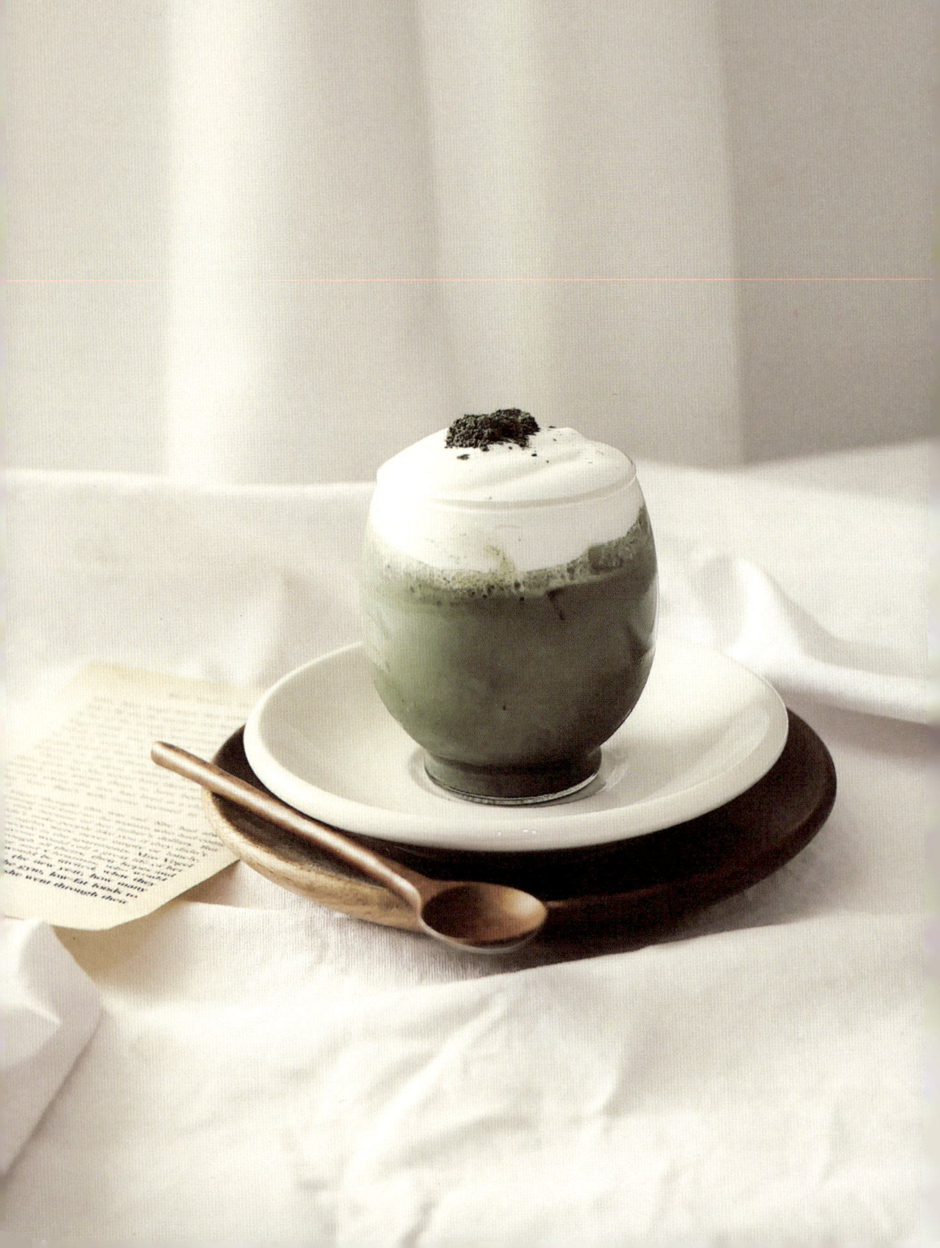

Ingredient

쑥가루 25g, 흑설탕 15g, 우유 100ml, 얼음 10개, 동물성 생크림 40ml, 연유 5ml

* 쑥가루는 '두손애약초' 제품을 사용했어요.

Recipe

1 쑥가루에 흑설탕, 따뜻한 우유를 붓고 잘 녹여주세요.

   tip 100% 쑥가루는 뭉치기 쉬우니 체에 한 번 거른 뒤 사용하세요.

2 얼음을 넣어주세요.

3 동물성 생크림과 연유를 섞어 약 30초간 휘핑한 뒤 얹어주세요.

4 쑥가루를 체에 거른 뒤 크림 위에 한 번 더 뿌려주세요. 쑥 향이 더 짙어져요.

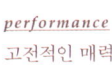

performance

고전적인 매력의 음료인 만큼 우드나 흰 천과 함께 매칭하면 더 멋스러워요. 카페에서 메뉴로 사용한다면 쑥 잎을 포인트로 장식해보세요.

무허가 홈 카페

펴낸날 초판 1쇄 2018년 6월 1일 | 초판 10쇄 2021년 7월 30일

지은이 전예랑

펴낸이 임호준
출판 팀장 정영주
편집 김유진 이상미
디자인 유채민 | **마케팅** 길보민
경영지원 나은혜 박석호 | **IT 운영팀** 표형원 이용직 김준홍 권지선

기획 김민정
사진 전예랑
인쇄 (주)웰컴피앤피

펴낸곳 비타북스 | **발행처** (주)헬스조선 | **출판등록** 제2-4324호 2006년 1월 12일
주소 서울특별시 중구 세종대로 21길 30 | **전화** (02) 724-7664 | **팩스** (02) 722-9339
포스트 post.naver.com/vita_books | **블로그** blog.naver.com/vita_books | **인스타그램** @vitabooks_official

ⓒ 전예랑, 2018

이 책은 저작권법에 따라 보호를 받는 저작물이므로 무단 전재와 무단 복제를 금지하며,
이 책 내용의 전부 또는 일부를 이용하려면 반드시 저작권자와 (주)헬스조선의 서면 동의를 받아야 합니다.
책값은 뒤표지에 있습니다. 잘못된 책은 바꾸어 드립니다.

ISBN 979-11-5846-238-3 13590

비타북스는 독자 여러분의 책에 대한 아이디어와 원고 투고를 기다리고 있습니다.
책 출간을 원하시는 분은 이메일 vbook@chosun.com으로 간단한 개요와 취지, 연락처 등을 보내주세요.

비타북스는 건강한 몸과 아름다운 삶을 생각하는 (주)헬스조선의 출판 브랜드입니다.